KB122434

여말선초의 농장 형성과 농학 연구

여말선초의 농장 형성과 농학 연구

박 경 안

혜안

책을 내면서

　이번에 출간하게 된 책은 농장에 관한 것이다. 아직까지 여말선초의 농장에 관한 책이 존재하지 않는다는 점으로 사람들의 시선을 끌 가능성도 없지 않다. 하지만 내용을 보고서는 오히려 실망하지 않을까 걱정이 앞서는 것이 사실이다. 농장 그 자체에 관한 한 뚜렷한 생산관계가 보이는 것도 아니고 경영조직이 확인되는 것도 아니기 때문이다. 그러나 필자가 주목하고자 했던 것은 새로운 형태의 농장이 확대 발전하게 됨과 동시에 이를 통해서 이루어진 농업기술의 발전에 있었다. 영농체험을 통해 우리나라의 자연을 이해하게 되고 이를 바탕으로 세시풍속을 우리식으로 생각하게 되고 나아가 농업경영론을 모색하기에 이른 것이다.

　사실 농장에 관한 글을 쓰기 시작한 지는 꽤 오래되었다. 아마도 역사이론을 배우면서 서양 중세 봉건제 사회에서의 장원문제를 다루면서 농장에 관심을 갖게 된 것이 아니었나 싶다. 그리고 보면 학문에 발을 들여 놓을 때부터 인연이 시작된 것인지도 모르겠다. 한 때는 농장의 흔적을 찾아 난해한 『사숙재집』과 씨름한 적도 있었고 때로는 지리산 턱에서 헤맨 적도 있었으나 고작 두어 편의 글을 썼을 뿐 유감스럽게도 뚜렷하게 남긴 성과는 없었다. 부끄러운 일이다. 더군다나 최근

에는 농장에 대한 학계의 관심도 상당히 엷어진 듯하다. 따라서 연구성과
도 별로 없는 것이 요즈음의 현실이다. 그만큼 관심도가 떨어진 탓일
게다.

　농장에 관심을 두게 될 무렵 우리나라는 민주화의 열풍과 함께 학문상
으로도 개방화의 시기였다. 『자본론』이 시중에 판매되고 각종 이론서적
이 선보이는 등 어찌 보면 혼란스러울 정도였다. 이 무렵에는 역사연구라
고 하면 이론이 먼저 언급되었다. 문헌고증이나 실증은 뭔가 구태의연하
고 낡은 방법론으로 비춰졌다. 농장 연구도 마찬가지였다. 이를 빗대어서
'공중전'이라고도 했다. 말하자면 토대가 구축되지 않은 가운데 이론이
난무하게 되고 그 결과 실체 파악에 장애가 될 정도였다. 물론 그렇다고
이론이 불필요하다는 말은 아니다. 순서가 뒤바뀌었다는 점을 지적한
것뿐이다.

　하지만 농장 연구를 통해서 느낀 점은 첫째, 무엇보다도 자료를 구하기
가 매우 어렵다는 점이다. 요즈음엔 상상도 안 되는 일이지만 당시로서는
산업을 일삼지 않았다는 말이 명예스런 일이었다. 따라서 재물과 관련된
일은 뒤에서 이루어졌던 것이며 따라서 그 기록이 남아 있을 리가 없다.
둘째, 여말선초라고 하면 아득한 옛날 같지만 놀랍게도 대부분의 사패지

가 얼마 전까지만 해도 거의 그대로 남아 있었다는 점이다. 문중재산으로 인해 처분이 여의치 않기 때문이다. 그런 점에서 보면 중세사가 현대사와 서로 연결되어 있음을 알게 된다. 그러나 지금은 그 후손들에 의해 처분되어 과거의 자취가 점점 사라지고 있어서 앞으로의 농장 연구는 점점 더 어려워질 전망이다.

따라서 앞으로의 농장 연구는 경영도 중요하지만 그 외의 사실을 통한 우회적 접근이 필요한 것이 아닌가 생각된다. 이를테면 비경제적 분야의 농장의 기능도 주목할 필요가 있다는 점이다. 특히 농장을 중심으로 하는 문화적, 종교적, 정치적 기능이라든가 하는 측면들이 그렇다. 사대부들 사이에는 현판을 걸어주고 축하해줄 정도로 친목의 공간이면서 또한 사당의 기능도 있었으며 그런가 하면 흔히 유배지로 여겨지기도 했다. 생활상의 모든 편의시설이 다 갖추어져 있는 농장이 어떻게 유배지가 될 수 있으리오마는 이동의 자유가 구속된다는 점에서 나름대로 일리가 있기도 했다.

이제 새롭게 책을 출간하면서 적지 않은 걱정이 앞선다. 자식을 객지에 내보내는 조마조마한 심정으로, 냉온탕에 몸을 담가서 단련이 되기를 바라는 마음으로 책을 내보낸다. 비록 부족함이 많고 비난받을지도 모른다는 생각이 왜 없을까. 하지만 굳건한 마음으로, 무쇠를 두드려 강철을 만드는 대장장이의 각오로 마음을 다잡아 본다.

끝으로 책을 펴내며 그간의 세월을 반추하건대, 늘 보이지 않는 힘이 되어준 아내에게 가없는 고마움의 뜻을, 두 아이에게는 사랑하는 아빠의 마음을 새삼 전하고자 한다.

차 례

들어가는 말

신라시대에도 田莊 혹은 別墅라는 것이 있었다. 助賁尼師今은 骨伐國王 阿音夫가 投降하자 그에게 第宅(살림집)과 田莊을 주어 살게 했으며 한참 뒤 崔致遠이 벼슬에 뜻을 잃고 산림으로, 강이나 바닷가로 逍遙自放하며 遊浪한 곳 가운데 하나가 合浦縣 別墅였다. 이로써 보면 당시 전장 혹은 별서는 살림집과는 별도의 생활공간이었음을 알 수 있다.

『高麗史』에는 田莊에 관한 기사가 16번 등장한다. 그 주요 특징을 보면 당초 田莊은 量給의 대상이었다는 점이다. 그러니까 국가가 量田체계의 범위 내에서 지급한 땅과 건물이라고 하겠는데 이를테면 田土와 家垈였다. 그런데 고려후기에 들어오면서 '强豪田莊'·'多置田莊'·'廣置田莊'이라는 표현이 등장하는 걸 보면 국가적 통제에서 벗어난 것을 알 수 있겠다.

한편 이 무렵에는 田莊과 더불어 비슷한 개념으로 쓰인 農莊이라는 용어가 7번 등장하는데, '私置農莊'·'列置農莊'·'大置農莊'·'爭設農莊'이라고 되어 있어서, 私權力에 의한 농장이 광범위하게 경쟁적으로 설치되고 있었음을 알 수 있다. 이러한 정황으로 판단하건대 量田을

통해 給田의 형식으로 설치되던 田莊이 고려후기에 들어와 豪强세력에
의해 자의적으로 설치되고 명칭도 田莊과 함께 農莊으로 표현된 것이
아닌가 한다.

특징적인 것은 人物推考別監의 표현대로 逋民들의 '逋逃淵藪'가 되어
있었다든지, '招匿人民不供賦役', '(貢戶)役使之若奴隷然' 등의 내용으로
볼 때, 국가의 公民인 貢戶가 농장의 농노로 전락되고 있었다는 사실이다.
이는 농장의 규모가 확대되면서 부족한 노동력을 貢戶로 충당한 것이며,
과거 田莊의 기능에 사실상 田民의 奪占을 통한 대토지지배의 공간으로
서의 의미가 추가 내지는 강화되고 있었음을 나타낸 것이다.

田民辨正사업과 田制개혁이라는 여과장치를 거치면서 田民의 탈점에
의한 대토지지배는 일단 제동이 걸렸다. 대부분의 불법적 농장은 해체되
었을 것으로 보인다. 공권력은 다시금 강화되었으며 국가에 의한 토지분
급정책이 새롭게 시작되었다. 이런 점에서 과거 고려의 田制는 일정한
제동장치를 첨가하며 재가동되었다고 할 만하다.

그런데 이러한 역성혁명의 와중에서도 살아남거나 새롭게 형성되는
농장들이 있었다. 흔히 과거의 强豪(權門勢家)에 의한 權力型 농장에
빗대어 民田型 농장이라고도 하는데 본 책에서 다루게 될 농장은 바로
이런 종류에 해당된다. 그렇다면 과거의 농장과는 어떤 점이 다르고
그것이 갖는 의미는 무엇인가?

민전형 농장은 自耕을 바탕으로 土地稅를 납부하는 民田으로 파악되
는 만큼 합법적인 형태로서 賣買, 相續, 贈與 등이 될 수 있었다. 民田에서
의 토지경작은 일반적으로 자급자족을 목표로 하는 小農民 위주의 농사
였다. 그러나 민전형 농장은 자경을 전제로 하다고 해서 農莊主가 직접

농사를 짓는 것은 아니었다. 당시 노비는 私民으로 인정하여 국가의 公民과는 구별되었다. 집권체제를 지향하면서도 귀족제적인 요소라고 할 수 있는데, 私民을 이용한 농사는 자경으로 인식되었던 것이다. 말하자면 사실상 민전형 농장은 노비가 농사짓는 곳이었다.

이와 관련하여 본 책에서는 제1부에서 변화의 양상을 중심으로 여러 형태의 민전형 농장을 다루고 있는데, 安牧의 坡州 西郊別墅는 新田개간형의 대규모 농장이며, 姜希孟의 衿陽·高陽別業, 咸陽·安山村舍 등은 경영문제라든가 宗法체제의 수용과 관련된 상속상의 여러 문제를 다루었다. 그리고 河崙의 高陽浦, 梁誠之의 大浦谷 따위는 김포지역의 농장사례로 권력을 이용한 대규모 개간을 비롯하여 농장에 관한 이모저모를 다루었다.

한편 이 무렵 민전형 농장의 여러 유형 가운데 奴婢制 경영이라는 관례를 깨트리는 농장이 등장하고 있었다. 元天錫, 姜希孟의 농장이 그런 경우였다. 노비는 제쳐두고 농장주가 직접 농사에 참여하게된 것이다. 엄청난 변화였다. 이는 소유권을 바탕으로 형성된 농장이 갖는 특징이라고도 할 수 있겠는데, 제2부에서는 이러한 유형의 농장과 이에서 유래된 歲時認識과 農學研究에 관하여 살펴보았다. 특히 주자성리학이 침투하면서 사물의 이치를 끝까지 밝혀 궁극의 원리를 찾고자 하는 格物致知的 사물인식이 확대된 결과 중국과 다른 주체적 자연인식을 갖게 되고 이것이 농업경영론으로 발전하게 된 것이라고 하겠다.

사실 농사짓는 일은 무척 힘들고 고통이 따르는 일이다. 신분제 사회에서 이처럼 직접 자경하기에 이른 데에는 나름의 사연이 있었는데, 이를테면 원천석은 재야 지식인에 속하면서 역성혁명을 부정하고 은둔생활을 하고 있었다. '移風易俗'이라는 유학의 방향을 부정하는 것은 아니었으나 고려의 전통을 지키려는 사람이었다. 그러나 그것은 단순히 고려의 풍습을 지키려는 차원을 넘어 체험을 바탕으로 한 주체적 歲時認識을 지향한 것이었다. 歲時風俗은 원래 月슈과 밀접한 관련이 있으며 월령은 중국의 자연관을 받아들여 학습하는 과정이었기 때문이다. 그런 점에서 주체적 자연인식의 단편이 드러난 것이었다.

그런가 하면 姜希孟은 한발 더 나아가 衿陽지방의 풍토에 적합한 영농방식을 모색하고 있었다. 이를테면 한반도, 그 중에서도 嶺西지방에 맞는 작물재배에 관심이 있었다. 영농체험을 통해 이루어진 『衿陽雜錄』에서의 농학 연구는 형 姜希顔으로부터 이어받은 格物致知에 의한 窮理의 정신에 의한 주체적 농법이었다. 사물을 끝까지 살펴 그 원리를 터득하는 窮理的 思考는 다름 아닌 朱子的 事物認識으로서, 강희안은 이미 花卉를 통해 이를 적용하고 있었으며 兄弟愛의 애틋한 정이 계기가 되어 以心傳心의 뜻으로 전수되었던 것이다.

지금까지의 여말선초 농장 연구가 주로 문헌고증을 위주로 이루어졌으나 자료의 부족으로 그 실체 파악이 어려운 점이 많았다. 과거 周藤吉之와 같은 사람은 중국사의 연장선상에서 여말선초의 농장을 이해하였다. 따라서 당시 우리나라의 농장의 정체성을 정확히 이해하기 위해서는 새로운 접근이 필요하였으며, 필자도 역시 그러한 목적의식 아래 출발은 하였으나 불민한 탓에 소기의 성과를 거두었다고 할 수 없다.

지금에 와서 생각하면 좀 더 치밀하고 알맹이 있는 연구가 되었더라면 하는 아쉬움이 남아 있으나, 기왕의 글은 부족한 대로 의미가 있을 수 있고 마침 주변의 권고도 있고 하여 흩어져 있는 글들을 묶어 책으로 만들게 되었다. 처음에는 여러 논문을 어떤 방식으로 묶는 것이 좋을까 하여 걱정이 앞섰으나 약간의 수정을 통해 '여말선초 농장 형성과 농학 연구'라는 주제로 묶기로 했다. 다만 논문의 원형을 유지하려고 노력하였으며 부득이한 경우 章節의 제목을 동의어 반복 형식으로 바꾸거나 필요한 경우 새로운 내용을 첨가하였다. 향후 많은 叱正을 기대하며 더불어 후학들의 노력을 통해 보다 좋은 글이 나오기를 바란다.

제1부
여말선초 농장 형성의 새로운 경향

제1장 安牧의 坡州 西郊別墅

1. 머리말

慵齋 成俔(1439~1504)은 자신의 수필집 『慵齋叢話』에서 麗末鮮初시기에 坡州西郊에 있었던 順興安氏家의 農莊에 관하여 글을 적고 있다. 이 농장은 '坡州別墅' 혹은 '瑞原別墅'라고도 불리었다.[1] 글의 내용은 주로 자신의 外家인 安氏일가와 安牧(1290~1360)에 의해 시작된 농장 그리고 그 곳에서의 생활과 관련된 것이다. 이 기록은 지금까지 麗末鮮初시기에 開墾을 통해 형성된 民田型 농장이라든가 혹은 농장경영과 관련된 奴婢문제의 방증 자료로만 이용되어 왔다.

麗末 田制改革論의 저변에는 농장의 확대과정에서 파생된 여러 문제가 짙게 깔려 있었다.[2] 따라서 이 시기 농장 연구 나아가 토지문제를 이해하기 위해서는 무엇보다도 농장 그 자체에 대한 연구가 필요하다.

---

1) 이 시기에는 농장의 역할과 기능에 따라 '別墅', '別業', '農莊', '農舍', '田庄' 등 다양한 명칭이 붙여졌다.

2) 이에 관해서는 朴京安, 1996, 「제3장 田制改革運動과 그 意義」, 『高麗後期 土地制度研究』, 혜안 참조.

그러나 우리나라 중세시대의 농장문제에 관한 연구는 적지않음에도 불구하고 정작 구체적 事例研究는 극히 드물다. 이러한 실정은 무엇보다도 史料的 制約에 따른 것이라고는 하더라도 개별 사례연구의 중요성은 구태여 논할 필요가 없다고 하겠다. 본 연구의 의의는 바로 이러한 관점에 있으며 더불어 향토사료의 발굴이라는 또 다른 요청에 다소나마 부응하기 위해서 출발한 것이다.

2. 農莊의 형성과 추이

1) 順興安氏家와 文成公

순흥안씨 집안의 내력에 관하여 成俔은 다음과 같이 설명하였다.

> 우리 外家 安氏는 文成公의 후예다. 거란(契丹)의 난리 뒤로 학교는 폐허되고 문교는 땅에 떨어졌는데, 문성공이 학교를 수축하고 祿俸과 奴婢 百餘口를 바쳤으니 지금까지도 成均館에서 부리는 자는 모두가 문성공의 노비이다. 공은 이 공로로 문묘에 배향되었다.[3]

文成公 安珦(1243~1306)은 우리나라에 朱子性理學을 최초로 도입한 인물이다. 安子美를 始祖로 하는 순흥안씨 집안이었다. 그는 거란과의 전란을 겪은 후 황폐된 학교를 재건[4]하면서 祿俸과 奴婢를 바쳤다는

---

3) "我外家安氏 即文成公之後也 自契丹之後 學校蕪廢 文敎墜地 文成公修學校 施俸錢 納其奴婢百餘口 至今成均館所使者 皆文成公之藏獲也 公以功配享文廟", 『慵齋叢話』 3, 坡州西郊.

4) 안향은 교육의 진흥을 위해 瞻學錢을 설치하고 國學의 大成殿을 신축하고

것이다.[5] 成俔에 따르면 이때 바친 노비는 鮮初까지도 그대로 성균관의
노비로 계승되었으며 그 공로로 안향은 문묘에 배향되었다.[6] 안향이
자신의 녹봉과 많은 노비를 학교를 세우는데 바칠 수 있었던 사실은
그가 경제적으로 상당한 기반을 갖고 있었던 인물이었음을 암시한다.

학교[7]를 운영하기 위해서는 상당한 경비가 소요되었다. 高麗朝 成宗
11년 12월에 田庄을 주어 학비에 충당케 한 것도 바로 그 때문이었다.[8]
안향이 바친 노비도 이러한 측면과 관련이 있을 것으로 보인다. 예컨대
鮮初 기록에 의하면 성균관은 과거 안향이 제공한 노비들로부터 貢稅를
거두어 養賢의 需用에 보충하도록 되어 있었다.[9] 여기서 말하는 공세는
身貢이 아닌 地代였을 것이다. 일종의 外居奴婢인 셈이 된다. 말하자면
안향은 당초 자신의 농장과 함께 노비를 國學에 기증한 것으로 생각된다.
조선왕조에 들어와 開城의 成均館은 漢陽에 다시 세워졌으나 노비는
원래 그들이 살던 곳에서 그대로 농사를 지으면서 여전히 공세를 바쳤던

　　博士 金文鼎 등을 중국에 보내 유교서적을 가져오게 하였다.(『高麗史』
　　卷105, 安珦傳)

5) 당시 문성공은 奴婢 百餘口에 그치지 않고 자신의 집까지도 기증한
　　것으로 보인다. 아들 安于器 墓碣銘에 의하면 '그는 松京 太廟里 舊第에서
　　출생하셨으니 이제는 開城成均館이 이곳이다.'라고 하였다.

6) 결국 안향의 교육열은 여말 이색을 비롯하여 김구용·정몽주·이숭인
　　등의 명유의 배출에 크게 기여했다.

7) 고려시대의 학교는 처음 國學으로 불리다가 國子監으로 개편된 이후
　　오랫동안 지속되었으나 忠烈王 원년 다시 국학으로 개칭되었는데, 忠宣
　　王이 즉위하면서 成均監으로 바뀌고 다시 同王 復位時에는 成均館으로
　　개칭되었다.(朴龍雲, 1985, 『高麗時代史』, 일지사, 366~368쪽)

8) 『高麗史』 卷74, 選擧志2 學校條.

9) 『朝鮮王朝實錄』 成宗 7년 3월 14일 丁巳條.

것이다.[10) 그리고 그 위치는 長湍이 아니었을까 한다. 왜냐하면 후술하는 바와 같이 안향 자신과 후손들의 묘소가 수대에 걸쳐 자리잡고 있기 때문이다.

成俔은 이어서 安珦의 후손에 관하여 다음과 같이 말하고 있다.

> 公은 于器(1265~1329)를 낳고, 우기는 牧(1290~1360)을 낳고, 목은 元崇(1309~?)을 낳고, 원숭은 瑗 (1332~?)을 낳고, 원은 우리 外祖를 낳고, 외조는 玖를 낳고, 구는 知歸를 낳고, 지귀의 아들은 瑚琛이라 하는데, 지금까지도 長子가 서로 이어 登第하니, 사람들이 文成公의 도운 바라 한다.[11)

위에서 成俔이 말하는 外祖는 判書公 從約(1355~1424)이다. 判書公은 4男 2女를 두었는데 長女는 成念祖에게 출가하였으며 바로 성현의 어머니가 된다.[12) 그런데 성현은 昌寧成氏 家門으로서 지금의 汶山邑 內浦里 文賢洞 사람이었다.[13) 이 점은 두 집안 사이의 관계를 이해하는 데에

---

10) 성균관의 노비를 功臣의 사패로 삼아 문제가 되었던 배경도 여기에 있었을 것이다.(위의 『朝鮮王朝實錄』의 같은 기록 참조)

11) "公生于器 于器生牧 牧生元崇 元崇生瑗 瑗生我外祖 外祖生玖 玖生知歸 知歸子曰瑚琛 至今長子相承登第 人以爲文成之所助也", 『慵齋叢話』 3, 坡州西郊.

12) 判書公 從約은 開京 良醞洞의 舊第에서 태어났으며 妣는 英陽郡夫人 南氏와 繼妣인 坡平郡夫人 尹氏였다. 그는 海州牧使職을 버리고 瑞原別墅에 돌아와 거주하며 時書와 琴酒로 세간의 관심에 초연한 채 때로는 山水間을 배회하고 漁獵을 즐겼다고 한다.(이상은 『慵齋叢話』 卷3 및 후대에 작성된 「墓碣銘 幷書」, 「神道碑銘」에 실려 있다.)

13) 『慵齋叢話』 卷7에서 그는 자신의 別墅가 파주에 있었다고 하였다. 이를

시사하는 바가 크다. 판서공은 순흥안씨 가문의 9世에 해당되며 호침은
12세에 해당된다. 안향의 후손들은 長子가 서로 이어 登第하여 가문을
빛나게 하였으니 그 배경에는 문성공의 후광이 있었기 때문이라는 것이
다. 이처럼 순흥안씨 가문은 문성공의 후광을 바탕으로 집안을 크게
일으킬 수 있었다.

한편 순흥안씨 집안의 묘소는 크게 보아 3곳으로 나뉘어져 있는데
이러한 묘소의 이동은 가문의 世居地라든가 사회적 변동관계를 살펴보
는데 도움을 준다. 1~3세는 慶北 榮州郡 順興面과 浮石面에 위치해
있고, 4~8세는 옛 京畿道 長湍郡 津西面에 그리고 9세 이하는 現 京畿道
坡州市 交河面 일대에 소재해 있다. 『高麗史』기록에 의하면 安珦의
부친 孚(3세)는 원래 州吏였다고 한다.14) 따라서 順興(興州)지방의 土豪집
안이었음을 알 수 있다. 그는 醫業으로 出身하여 密直副使에 이른 것으로
되어 있다. 이 무렵 이미 개경으로 진출하여 일정한 기반을 갖게 되었을
것으로 생각된다. 그러나 순흥안씨 가문이 개경에서 실질적 기반을
다지게 된 것은 아마도 안향대에 이르러서였을 것이다. 이후 순흥안씨
가문이 于器-牧-元崇-瑗에 이르기까지 長湍地方에 묘소를 갖게 되었

묘사한 기록을 보면, "내가 辛未年(1451)에 坡州의 別墅에 있었는데,
하루는 나의 맏형(成任)이 어머니를 모시고 珍岩에 올라갔다. 바위는
洛河(임진강)를 베개로 삼고 그 높이가 천길이나 되며, 위에는 백여
명이나 앉을 만하였다. 서쪽은 海門에 이었고, 북쪽은 松都와 더불어
서로 마주 보아 송악산·관악산·聖居山 등 여러 산이 마치 지척에
있는 것 같고, 풍경은 蠶領보다도 좋았다."라고 하였다. 이러한 설명에
따르자면 성현의 別墅는 바로 內浦里 文賢洞 혹은 그 근방이었을 것으로
생각된다.

14)『高麗史』卷105, 安珦傳.

으나 그 과정에 관해서는 정확히 알 수가 없다. 다만 그 배경에는 예컨대 농장과 같은 경제적 토대와 밀접한 관련이 있었을 것이다. 世居地를 오늘날의 파주지방으로 옮기게 된 것은 判書公代에 이르러서의 일이었다.

2) 西郊別墅의 형성과 추이

성현은 安牧의 농장이 坡州의 西郊에 있었다고 하였다.

> 坡州 西郊는 황폐하여 사람이 살지 못했는데, 政堂 安牧이 처음으로 넓게 밭을 개간하고 큰 집을 짓고 살았다.[15]

위 기록에 의하면 개간할 당시 파주의 서교는 황폐되어 사람이 살지 않고 있었다. 이처럼 안목은 개간을 통해 광대한 농장을 설치하고(廣作田畝) 莊舍를 크게 지었다. 고려왕조에서는 토지의 개간에 대한 특별한 제한이 없었다. 특히 황무지에 대해서는 점유하여 개간하면 그것은 개간자의 소유지가 될 수 있었다. 요컨대 新田開墾에 의한 광대한 農土의 集積은 고려왕조의 개간정책에 힘입은 것이었다.[16]

안목은 충숙왕 2년(1315)에 등과하여 判典校寺事가 되고 累遷하여

---

15) "坡州西郊 荒廢無人 安政堂牧始墾之 廣作田畝 大搆第而居之", 『慵齋叢話』 3, 坡州西郊.

16) 바로 이 점 때문에 三峰 鄭道傳은 고려의 토지정책을 통렬히 비판하였다. 말하자면 고려왕조의 잘못된 개간정책으로 인해 부익부 빈익빈의 토지 소유가 확대되어 결국 여말 농장의 폐단이 나타나게 되었다는 것이다.(朴京安, 1996, 『高麗後期 土地制度研究』, 혜안, 86~100쪽)

密直副使에 이르렀다. 그러나 무릇 時政의 得失과 生民의 利病을 알면 거침없이 직언을 하였으므로 여러 차례 時事에 거슬렸다는 것이다. 결국 그는 坡山[17])의 西郊에서 은둔생활을 하게 되었는데 끼니를 잊을 정도로 거문고를 타고 책을 읽으면서도 스스로 즐거워하였다고 한다.[18]) 그렇다면 안목이 개간을 시작한 것은 그가 관직을 그만두고 이곳에 은둔하여 살면서부터일 것이다.

坡州는 본래 坡平와 瑞原 兩縣의 合名으로서 원래 고려시기에는 존재하지 않았다. 파주라는 명칭을 갖게 된 것은 조선시기 세조 5년의 일이었다. 『新增東國輿地勝覽』 기록[19])에 의하면 坡平(일명 波平)縣은 본래 고구려 波害平史縣인데 신라 경덕왕이 坡平으로 고쳐서 來蘇(楊州)郡 領縣이 되었다가 고려 현종 9년에 長湍郡 屬縣이 되고, 문종 16년에 開城府로 隸屬하였다가 예종 원년에 監務를 두었다. 또한 瑞原縣은 본래 고구려 述爾忽縣인데 신라 경덕왕이 峰城으로 고쳐서 交河郡 領縣으로 삼았더니, 현종 9년에 楊州에 속하였다가 명종 2년에 감무를 두었고 우왕 13년 고쳐서 瑞原縣이 되었다. 조선왕조에 들어와 태조 7년 瑞原縣이 吏民의 申訴로 郡으로 승격되고 동왕 7년에는 드디어 坡平·瑞原을 합하여 原平郡이 되었다가, 결국 세조 5년 王妃의 鄕이라하여 牧으로 승격되고 비로소 '坡州'라는 명칭을 갖게 되었던 것이다. 따라서 처음 안목이 황무지를 개간할 당시에는 그러한 명칭은 아직 존재하지 않았던 것이다.

---

17) '坡州'는 '坡山'이라고도 했다.
18) 『高麗史』 卷102, 安珦傳 및 後學 奇宇萬의 「墓碣銘」 참조.
19) 『新增東國輿地勝覽』 卷11, 坡州牧.

　　그렇다면 과연 坡州西郊는 어디에 해당되는 곳일까? 위의 파주목의 형성과정에 관한 이해를 바탕으로 '瑞原別墅'라는 명칭에 유의하면, 坡州西郊는 대략 오늘날 汶山邑을 포함하여 炭縣面 일대에 해당된다. '坡州'는 일명 '波州'로도 불릴 만큼 본래 물과 인연이 많은 곳이다. 이웃에 있는 '漣川'지역도 마찬가지이다. 이 지역은 臨津江[20] 유역으로서 예나 지금이나 강이 범람하는 상습 수해지역이 아니었을까 추측된다. 안목이 개간을 할 수 있었다면 바로 이와 같은 지역이었을 것이다. 그래서 성현도 사람이 살지 않는 황폐한 곳이라고 했던 것이다. 그런 점에서 보면 新田開墾型 農莊의 전형적 예가 될 것이다.[21] 이어지는 성현의 설명을 좀 더 주의 깊게 살펴보자.

　　政堂(안목)이 시를 잘하여 한 귀 짓기를, "목동의 피리 소리 長浦 밖에 들리고 고깃배의 두어 점 등불이 洛岩 앞에 보이도다." 하였다.[22]

　『新增東國輿地勝覽』 기록에 따르면 長浦는 州 북쪽 15리 지점에 있었다.[23] 이는 지금의 斗浦里 長浦洞(일명 장계)에 해당된다.[24] 그런데

---

20) '임진강'이라는 명칭은 후에 붙여진 이름이고 원래는 '瓢蘆河', '仇淵江', '神智江' 혹은 '洛河' 등으로 불리었다.(李琪鉉, 1997, 「臨津江으로 개칭한 유래」, 『坡州地名由來 傳說誌』, 파주문화원, 212~213쪽)

21) 오늘날 임진강으로 불리는 하천은 풍광이 수려하여 도처에 수많은 別業이 설치되었다. 농장의 기능에는 別莊的 기능, 經濟的 기능, 文化的 기능 등 여러 가지가 있으나 안목의 농장은 주로 경제적 기능이었으며 그러한 점에서 여타의 농장들과는 차이가 있어 보인다.

22) "政堂能詩 嘗占句云 牧笛一聲長浦外 漁燈數點洛岩前", 『慵齋叢話』 3, 坡州 西郊.

확인해 본 결과 長浦라는 지명은 이 외에도 하나 더 있었다. 즉 오늘날
汝山邑 內浦里 長浦洞(일명 장개말)이란 곳이 그 곳이다. 汝山川(廣灘川)
이 옥돌래를 걸쳐 장개 긴포구 임진강으로 흘러들어가는 개울 안말을
뜻하는 곳이다.25) 그런데 두포리의 경우는 '파주서교'라는 조건에 비추어
볼 때 방향이 맞지 않는다. 따라서 두포리보다는 내포리 쪽의 長浦가
보다 주어진 조건에 가깝다. 한편 洛岩은 月籠山의 북쪽 끝자락 임진강가
에 위치한 바위 절벽으로서 현재 군부대가 주둔해 있다.26)

대략 이렇게 판단한다면 안목의 농장은 파주목의 서쪽, 오늘날 장포뜰
에 해당되는 것으로 추측해 볼 수 있겠다. 전망을 보면서 시를 읊었다면
그 위치는 아마 임진강을 끼고 있는 內浦里 산기슭 정도가 될 것이다.
그렇다면 농장의 莊舍도 바로 이곳에 위치하지 않았을까? 이 역시 판단하
기는 쉽지 않다. 그러나 성현의 安瑗에 관한 다음의 기록은 장사의
주변의 상황을 이해하는 데에 어느 정도 참고가 된다.

留後 安瑗은 성품이 매와 개를 좋아하였는데, 글공부하던 젊을 때부터
이미 이 버릇이 있었다. 妻家에 있을 때에 왼팔에 매를 올려놓고 오른손
으로 책장을 넘기며 책을 읽으니, 丈人이, "책을 읽으려면 매를 그만두던
지 매를 좋아하려면 책을 그만둘 것이지 어찌 번거롭게 두 일을 다
행하느냐." 하니, "글은 조상 때부터 내려오는 직업이니 폐할 수가

23) 『新增東國輿地勝覽』 卷11, 坡州牧.
24) 『近世韓國五萬分之一地形圖』, 汶山.
25) 李琪鉉, 1997, 『坡州地名由來 傳說誌』, 60쪽.
26) 위치상으로 볼 때 洛岩은 成俔이 成任과 함께 올라갔던 '珍岩'과 일치한다.
　　따라서 두 가지 명칭이 병존했던 것은 아닌가 한다.

없고, 성질이 매와 개를 좋아하니 폐할 수 없습니다. 두 일을 행하더라도
어긋나지 않으면 어찌 이치에 해가 된다고 하겠습니까?" 하였다. 어려서
부터 늙을 때까지 한결같이 이것으로 스스로 즐겼다. 하루는 雙梅堂
李詹이 洛河를 건너 漢京으로 향하다가 길 옆 산골짜기에서 책 읽는
소리를 듣고, 그 종에게, "이는 반드시 안노인일 것이다." 하였는데,
가서 보니 왼쪽 팔에 매를 올려놓고 오른손으로 綱目 책장을 넘기며
나무에 의지하여 책을 읽고 있으므로 서로 보고 크게 웃었다. 公의
사람됨이 너그럽고 느릿느릿하여 평생에 빨리 말하지 않고 바쁜 기색이
없었다. 왜구가 昇天府를 함락하였는데도 공은 오히려 집에서 책만
읽고 있으므로 종이, "왜구가 닥쳐 왔습니다." 하였으나, 공은 "아직은
활쏘는 것을 익히고 황급하게 굴지 말라." 하더니, 얼마 있지 않아
왜구가 물러갔다.27)

왕조가 바뀌면서 太祖 李成桂는 漢陽으로 移都할 때에 安瑗을 開城留
後로 삼았다. 그러나 그는 따르지 않았으며 刑曹判書를 제수했을 때에도
역시 나아가지 아니하고 파주농장(瑞原別墅)에 은둔하고 있었다. 위의
기록은 바로 당시 생활의 한 단면을 묘사한 것이다. 李詹(1345~1405)은
안원에 비해 13살 연하로서 마침 한양으로 가는 길에 낙하나루를 건너게
되었던 것이다. 그런데 나루를 건너 산골짜기를 지나가다가 안원의

---

27) "安留後瑗 性好鷹犬 自靑衿年少時 已有其癖 在婦家 左手臂鷹 右手翻書而讀
婦翁曰 讀書則廢鷹 好鷹則廢書 何兩行勞苦之事 答曰 書是箕裘之業不可廢
性嗜鷹犬亦不可廢 兩行不悖 何害於理 自少至老 一以此自娛 雙梅堂一日渡
洛河向漢京 聞路傍山谷間有讀書聲 謂其僕曰 此必安老也 至則以左手臂鷹以
右手翻綱目 倚樹而讀 相視大笑 公爲人寬緩 平生無疾遽色 倭陷昇天府 公猶
在家讀書 僮僕告曰寇逼矣 公曰姑習射 愼勿遑遽 俄而寇退",『慵齋叢話』3,
坡州西郊.

글 읽는 소리를 듣게 되었던 것이다. 당시 안원이 책을 읽고 있었던 곳은 바로 그 자신의 농장 안에 있었던 莊舍였을 것이다. 그러니까 장사는 골짜기 위의 다소 전망이 높은 지역에 위치하였던 것이며 아마도 들과 강을 바라볼 수 있는 곳이었을 것이다.

이렇게 보면 안목의 농장은 위치상 成俔의 別墅와 이웃하고 있었음을 알 수 있다. 성현이 순흥안씨가와 별업에 관하여 그토록 많은 사실을 알 수 있었던 배경이기도 하다. 위치와 관련하여 다음의 기록은 농장으로 가는 길을 추측해 볼 수 있게 하는 내용이다.

外叔 安府尹이 젊어서 파리한 말을 타고 어린 종 한 명을 데리고 瑞原 別墅로 가는데 별서에서 10리쯤 떨어지자 때는 밤이라 컴컴해서 사방을 둘러보아도 사람이라곤 없었다. 동쪽으로 縣城쪽을 바라보니 횃불이 비치고 떠들썩하여 遊獵하는 것 같더니, 그 기세가 점점 가까워지면서 좌우를 뺑 두른 것이 5리나 되는데, 빈틈없이 모두 도깨비불이었다. 공이 진퇴유곡하여 어찌할 바를 모르고 오직 말을 채찍질하여 앞으로 7·8리를 나아가니 도깨비불이 모두 흩어졌다. 하늘은 흐려 비가 조금씩 부슬부슬 내리는데, 길은 더욱 험해졌으나 마음속으로 귀신이 도망간 것을 기뻐하여 공포심이 진정되었다. 다시 한 고개를 넘어 산기슭을 돌아 내려가는데 앞서 보던 도깨비불이 겹겹이 앞길을 막았다. 공은 계책도 없이 칼을 뽑아 크게 소리치며 돌입하니, 그 불이 일시에 모두 흩어져서 우거진 풀숲으로 들어가면서 손바닥을 치며 크게 웃었다. 공은 별서에 도착하여서도 마음이 초조하여 창에 의지한 채 어렴풋이 잠이 들었는데, 婢僕들은 솔불을 켜놓고 앉아서 길쌈을 하고 있었다. 공은 불빛이 켜졌다 꺼졌다 함을 보고 큰소리로, "이 귀신이 또 왔구나." 하며 칼을 들고 치니, 좌우에 있던 그릇들이

모두 깨지고 비복은 겨우 위험을 면하였다.[28]

위의 내용은 判書公의 아들[29]이 겪은 이야기이다. 다소 황당한 것이기는 하지만 別墅의 위치를 이해하는데 도움을 얻을 수 있을 듯하다. 우선 별서의 주변에는 인가가 드문 혹은 마을이 전혀 없었던 것으로 보인다. 또한 별서의 동쪽 10여 리 정도에는 縣城이 있었는데 그 중간에는 숲이 우거진 그리고 그렇게 높지 않은, 두어 번 넘는 고개가 있었다.
한편 황무지의 개간을 통해 시작된 안목의 농장은 그 후 후손들에 의해 더욱 확대되었다.

그 손자 瑗에 이르러 지극하게 창성하였는데, 안팎으로 차지한 밭이 무려 數萬 頃이나 되고 노비도 백여 호나 되었다. 늙은 고목 천여 그루가 10리에 그늘을 이루고 거위와 황새가 그 사이에서 울고 떠들었다. 公은 매를 팔 위에 올려놓고 누런 개를 데리고 매일 왕래함을 낙으로 삼았다. 지금도 남은 땅을 분점하여 사는 사람이 백여 명이나 되는데 모두 그 자손이다.[30]

안목의 손자인 안원에 이르러 농장은 가장 넓은 판도를 이루었다. 內外에 점유한 것이 무려 數萬 頃이나 된다고 하였다. 여기서 말하는 '內外'란 坡州牧의 邑治(넓은 의미의)와 주변 지역을 말하는 것으로 보인

---

28) 『慵齋叢話』 卷3.
29) 아마도 장자인 玖로 보인다.
30) "至其孫瑗極盛 內外占田 無慮數萬頃 奴婢百餘戶 老樹千章 成蔭十里 鵝鸛呼噪其間 公臂蒼牽黃 日往來以爲樂 至今分占餘土 而居者百許人 皆其子孫也", 『慵齋叢話』 3, 坡州西郊.

다. '數萬 頃'이라는 숫자의 정확도는 확인할 수 없지만 대단히 광대한
면적이었던 것은 틀림이 없어 보인다.[31] 이렇게 넓은 지역이 모두 한
곳에 있었던 것은 아니었을 것이다. 위에서 언급된 파주서교의 농장은
그 중의 하나로서 그 규모가 컸던 것으로 추측된다. 그리고 십리에
걸쳐 그늘을 이루게 했던 늙은 고목은 아마도 개간과정에 만들어진
둑에 심어진 인공림이 아닌가 생각된다. 하상이 범람하는 지역이었으므
로 둑은 대단히 중요하였던 것이다. 둑의 길이가 10리에 이르렀던 것으로
보아 그 규모를 짐작할 수 있다.[32] 안원은 매와 개를 데리고 매일 둑
위를 왕래하였다고 하였는데, 이때에 거위와 황새가 나무그늘 사이에서
울고 떠들었다고 하였다. 이와 같은 일과는 단순한 취미이기보다는
둑의 안전을 살피기 위한 목적도 겸하였을 것으로 생각된다.

　이처럼 안목의 농장은 손자인 안원에 이르러 수만 경으로 표현될
만큼 확대되었던 것이다. 개간은 처음 汶山川을 따라 연해 있는 퇴적지를
중심으로 이루어진 것으로 추측된다. 그리고 이는 나중에 炭浦川 등
주변지역으로 확장된 것이 아닌가 한다. 오늘날 이 지역에는 '防築里(洞)'
라는 명칭이 여러 곳 남아 있으며 또한 이들 하천을 중심으로 순흥안씨의
集姓村이 형성되어 있음은 우연이 아닌 듯하다.[33]

---

31) 이 시기에 頃이라는 면적단위는 量地개념에 해당된다. 量田단위와 관련
　　하여 세종은 結負法을 폐기하고 頃畝法을 도입하려고 했으나 결국 실패
　　하였다. 대략 계산해보면 數萬 頃은 거의 1억 평에 달한다.
32) 이상의 정황으로 보아 안목의 농장은 내포리 일대를 휘감고 있는 하천면
　　의 드넓은 퇴적지를 개간한 것이 아니었을까 한다. 지금도 장포뜰의
　　제방은 문산천을 따라서 하구에서 상류쪽으로 수 킬로미터 이어져 있다.
33) 현재 파주시 주민 가운데 순흥안씨가 모여 살고 있는 집성촌은 炭縣面
　　法興里 싸리고개, 廣灘面 倉滿里, 月籠面 德隱里와 葦田里 등이고 그밖에

3. 農莊의 성격

여말선초의 시기에는 오늘날의 임진강을 중심으로 수려한 풍광을 이용하여 도처에 수많은 別業이 설치되었다. 농장의 기능에는 別莊的 기능, 經濟的 기능, 文化的 기능 등 여러 가지가 있으나 순흥안씨가의 농장은 주로 경제적 기능이었으며 그러한 점에서 여타의 농장들과는 차이가 있어 보인다.

농장의 경영과 관련하여 실제 개간과정에 필요한 노동력과 그 후의 경작은 노비들의 몫이었을 것이다. 따라서 개간후의 농장경영은 이들을 외거노비로 삼아 地代를 받아가며 관리하였던 것으로 보인다. 즉 백여 호에 달하는 노비들이 바로 이러한 노동력의 주체였던 것이다. 반면 노비들 중에는 솔거노비도 상당수 있었던 것으로 보인다. 예를 들면 물고기 그물과 짐승 그물을 들려 漁獵에 동원했던 노비[34]라든가 성현의 외숙의 말고삐를 잡았을 어린 종 따위가 그것이다. 길쌈을 하고 있었던 노비들도 마찬가지이다. 물론 외거노비이면서 주인집에 일을 도우러 왔을 수도 있다. 그러나 수만 경에 달하는 농토가 실제로 모두 경작되었는지 또한 그렇다면 노비를 통한 경영 이외에 어떤 생산관계가 이루어졌는지 이에 관해서는 알 수가 없다.

坡州市 冶洞洞, 積城面 食峴里에도 보인다. 이 중 싸리고개 일대에 가장 많이 살고 있고 그 다음은 덕은리와 위전리 정도다. 특히 덕은리, 위전리 주민은 당초 장단에서 이주해 온 것으로 알려져 있다.

34) "나의 외삼촌 안공은—또 공이 瑞原別墅에 오랫동안 있을 때에—해주목사까지 하고는 벼슬을 버리고 사방을 두루 돌아다녔는데, 매를 팔뚝에 얹고 누런 개를 끌며 어린 종 수십 명에게 물고기 그물과 짐승 그물을 실어 들에서는 고기를 잡고 산에서는 짐승을 쫓았다."(『慵齋叢話』卷3)

또한 농장의 지형적 조건을 볼 때에 농작물은 주로 삼(麻)을 위시한 밭작물이었을 것으로 생각된다. 왜냐하면 이 지역에는 농사용의 물을 댈 수 있는 조건을 갖춘 하천이 마땅치 않았을 것으로 보이기 때문이다. 게다가 강변에 위치한 토양은 사력토이기 때문에 물을 댄다고 하더라도 수분보존력이 극히 낮았던 것이다.

그런데 이와 같은 농장이 만들어지기까지는 막대한 인적 물적 기반이 필요하였을 것이다. 그러나 이러한 부분을 알 수 있는 구체적 자료는 현재 남아 있지 않다. 수만 경에 이르는 광대한 지역을 개간하고 이를 관리하기 위해서는 정치권력과의 유착관계를 일정하게 유지하지 않으면 곤란한 일이었다.35) 뿐만 아니라 순흥안씨 집안은 역성혁명의 와중에서 구왕조에 경사되었던 듯하다. 그 결과 안원은 1392년 6월 圃隱黨으로 잡혀서 원지로 유배되었다가 결국 태조 이성계의 회유정책에 의해 강제로 개성유후가 되기도 하였다. 그만큼 역성혁명파는 새로운 왕조에의 협력을 갈구하고 있었던 셈이다. 더구나 문성공이라고 하는 정치적 영향력을 무엇보다도 의식하지 않으면 안 되었을 것이다. 어쨌든 이러한 정황하에서 왕조의 교체에도 불구하고 농장은 그대로 보존될 수 있었다. 물론 농장의 형성배경이 新田開墾이라고 하는 방식이었으므로 陳田開墾 혹은 麗末의 權力型 農莊과는 구별되었기 때문이었음을 간과해서는 안 될 것이다.

35) 그런 점에서 보면 안목의 장인이 金台鉉이었다는 사실은 매우 중요한 대목이다. 김태현은 忠宣王代에 田民計點使로 파견되어 모범적으로 일을 처리했던 인물로서 그가 맡았던 지역은 다름아닌 楊廣水吉道였다. 그러나 안목의 농장과 관련된 김태현의 역할에 대해서는 전혀 알 수가 없다.(朴京安, 1996, 『高麗後期 土地制度研究』, 혜안, 183~184쪽)

　안목에 의해 시작된 농장은 안원에 이르러 가장 크게 확장되었다. 그만큼 안원은 농장관리에 심혈을 기울였던 것으로 생각된다. 그러나 농장은 더 이상 확대된 것 같지는 않다. 무엇보다도 상속과정에서 점차 분할이 진행되었기 때문이다. 위에서도 알 수 있는 바와 같이 안씨 자손은 이미 백여 호를 이룰 정도로 번성하고 있었으며 그에 따라 토지의 분할도 뒤따르게 되었던 것이다.

4. 맺음말

　지금까지 順興安氏家의 坡州西郊의 農莊에 관하여 살펴보았다. 농장에 관한 직접적 자료가 전혀 남아있지 않아 자연 개연성에 의존하게 되는 경우가 많았음을 부인할 수 없다. 예컨대 開墾過程에 관한 저간의 사정을 규명할 수가 없었다. 뿐만 아니라 農莊主와 耕作奴婢 사이 혹은 기타 生産關係에 대한 구체적 내용은 확인할 수가 없었다. 다만 여말선초 시기의 이른바 신흥사대부 계층의 토지집적과정에 대한 하나의 사례연구라는 정도의 의미를 가질 수 있겠다. 따라서 본 글에서 드러난 미비점은 계속 보완이 되어야 할 것이며 그런 점에서 본 글은 앞으로의 연구를 위한 하나의 밑알이 되었으면 한다.

補論[36] : 파주농장과 국가와의 관계

황무지의 개간을 통해 시작된 안목의 농장은 그 후 후손들에 의해 크게 확대되었다. 그런데 이 과정에서 특별히 국가로부터 어떤 규제가 있었다는 내용은 보이지 않는다. 예를 들면 세금독촉을 받았다든가 아니면 田民辨正과 관련된 어떤 시사점도 찾아볼 수 없다. 이와 같은 일들은 안목의 농장의 성격을 규명하는데 하나의 단서를 제공해 준다. 요컨대 이는 안목의 농장이 역성혁명의 전환기에 兩朝의 경제정책에 위배되지 않았음을 뜻하는 것이다. 이 점과 관련하여 먼저 여말 고려정부의 정책을 살펴볼 필요가 있다. 이 시기 고려의 토지제도 운영에 관하여 三峯은 다음과 같이 말하고 있다.

前朝의 田制는……백성들이 직접 개간하는 경우에는 스스로 개간하고자 하는 바대로 점유하게 하였다. 그리하여 나라에서 다스리지 아니하니 노동력이 많은 자는 넓게 개간하고 세력이 강한 자는 또한 점유하는 면적이 많게 되었다. 그리하여 힘없고 약한 사람들은 강하고 힘있는 사람들을 좇아 차경하여 그 소출의 반을 나누니, 이는 경작하는 사람은 하나인데 먹는 자는 둘이라서 부자는 더욱 부자가 되고 가난한 사람들은 더욱 가난해지니……[37]

鄭道傳은 고려의 祖宗田制가 무너지게 된 배경이 개간 및 토지점유에 관한 일련의 정책과 관련이 있다고 하였다. 그런데 주목되는 것은 백성이

---

36) 補論은 필자의 글(2001,「安牧(1290~1360)의 坡州農莊에 관한 小考」,『龜泉元裕漢教授 定年紀念論叢(上)』, 혜안)에서 일부 발췌한 것이다.
37)『三峯集』卷13, 經理條.

직접 경작하면, 즉 自耕하는 경우에는 개간 및 점유권을 국가에서 인정하여 간섭하지 않았다는 점과 노동력이 많은 경우 개간지를 넓게 확대할 수 있었으므로 세력이 강한 사람은 점유하는 땅도 많았다고 한 부분이다. 이에 의하면, 고려왕조는 당초부터 개간사업을 적극적으로 장려하고 있었으며 경작 능력만 있으면 토지점유에는 제한을 두지 않았던 것으로 생각된다.

그렇다면 백성이 自耕할 경우 국가가 개간 및 점유를 허용하였다는 것은 무엇을 뜻하는 것일까? '自耕'이라는 말이 의미하는 바는 소농민 경영과 관련이 있어 보인다. 말하자면 소농민 위주의 농업경영을 보호 육성하면서도 타인 노동에 의한 농업경영, 예컨대 소작경영을 통한 대토지지배는 엄격히 규제하고자 하였음을 뜻하는 것이다.[38] 그러나 국가의 직접적인 對民지배는 良人에 대한 파악에 그친다는 점에 비추어 볼 때, 奴婢役事 등에 의한 自耕에 대해서는 국가가 이를 제한할 수 없었을 것이다. 이 경우에 노동력을 많이 보유한다는 것은 법제적으로 독립된 호를 이루지 못하고 役事되는 노비노동력까지 포함되는 것을 의미한다.[39]

宋炳基는 安瑗 때에 확장된 농장을 농장주나 그 관리인이 노비 혹은 양민을 역사하는 直營地로 파악하였다.[40] 그러나 백여 호에 달하는 노비 숫자는 수만 경의 토지를 경작하기에는 너무 적다고 하였다. 따라서 '內外數萬頃'의 '內'는 노비노동에 의하여 경작되는 농장주 안원의 직영지

38) 朴京安, 1997,「高麗後期 土地問題와 祖宗田制」,『韓國 古代·中世의 支配 體制와 農民』, 267쪽.

39) 위의 글.

40) 宋炳基, 1969,「高麗時代의 農莊」,『韓國史硏究』 3, 22쪽.

로, '外'는 佃戶의 保有地로 보았다. 즉 그는 고려시대의 농장을 유형화하
여 농장주의 직영지는 물론 전호의 보유지, 나아가 公民의 보유지까지도
농장주의 강력한 영향력 하에 있을 수 있다고 보았다.[41] 이처럼 그는
수만 경이라는 광대한 규모와 관련하여 농장을 莊主의 직영지, 전호의
보유지 그리고 공민의 보유지라는 세 가지 형태의 지목으로 분류하였다.

이러한 설명은 안목의 농장을 이해하는 데 많은 시사점을 준다. 그러나
그 자신도 지적한 바와 같이, 수만 경의 농토를 경작하는 데 외거노비
백여 호라는 수효는 너무 적다. 그렇다면 불가불 농장 내의 노동력과
토지의 대부분은 공민과 그들의 보유지로 보아야 한다. 이들 공민은
국가적 收稅대상에서 제외되어 莊主의 강력한 영향력 하에 있는 사람들
이기 때문에 불법적 投托民 혹은 '壓良爲賤'의 농민으로 파악될 수밖에
없다. 그러나 이러한 조건의 농장은 여말선초 田民辨正을 통해 혁파되고
私民은 公民으로 전환된 것으로 보아야 한다. 따라서 안목의 농장이
같은 시기에 건재할 수 있었던 것과 비교할 때 이는 논리적으로 설득력이
약하다.

그렇다면 결국 안목의 농장경영과 관련하여 실제 개간 과정에 필요한
노동력과 그 후의 경작은 노비들의 몫으로 보는 것이 합리적이다. 노비들
중에는 솔거노비도 상당수 있었던 것으로 보인다. 예를 들면 물고기
그물과 짐승 그물을 들려 어렵에 동원했던 노비[42]나 성현의 외숙의

---

41) 宋炳基, 위의 글 참조.

42) 『慵齋叢話』 卷3, "나의 외삼촌 安公(玖)은……또 공이 瑞原別墅에 오랫동
    안 있을 때에……해주목사까지 하고는 벼슬을 버리고 사방을 두루 돌아
    다녔는데, 매를 팔뚝에 얹고 누런 개를 끌며 어린 종 수십 명에게 물고기
    그물과 짐승 그물을 실어, 들에서는 고기를 잡고 산에서는 짐승을 좇았

말고삐를 잡았을 어린 종[43] 따위가 그것이다. 길쌈을 하고 있었던 노비들도 마찬가지이다. 그러나 이들보다는 백여 호에 달하는 외거노비가 바로 개간을 비롯하여 농장 경작의 주체였을 것이다. 이들의 신분은 노비였으므로 국가적으로는 당연히 自耕으로 파악되었던 것이다. 안목의 농장이 합법적으로 존재할 수 있었던 근거였다. 이는 한편으로는 소농민의 토대 위에 국가의 경제적 기반을 확충하면서도 다른 한편으로는 직영제 농장 등 귀족세력의 대토지소유를 인정하는 것으로서 고려왕조의 개간정책 및 그와 관련한 토지정책은 파주농장의 확대과정과도 불가분의 관계에 있었음을 나타내는 것이다.

그런데 여기서 '內外 數萬 頃'이라는 부분이 걸린다. 그러나 당시에 이미 '坡州內外'라는 말이 있었음에 유의하면, 파주목의 중심과 그 주변으로 나누어 보는 관념이 존재하고 있었다. 따라서 내외라는 것은 파주목을 중심으로 한 원근개념으로 보는 것이 자연스러울 듯하다. 아울러 '數萬 頃'에 대해서도 분석이 필요하다. 수만 경이라는 수치의 정확도를 확인할 수는 없지만 오늘날 파주시 면적의 1/6~1/3 이상에 달하는 광대한 면적이다.[44] 결부제 단위가 엄연히 존재하던 상황에서 굳이 '頃'이라는 단위를

다.”

43) 『慵齋叢話』 卷3, “外叔 安府尹이 젊어서 파리한 말을 타고 어린 종 한 명을 데리고 瑞原別墅로 갔는데……공은 별서에 도착해서도 마음이 초조하여 창에 의지한 채 어렴풋이 잠이 들었는데, 노복들은 솔불을 켜놓고 앉아서 길쌈을 하고 있었다.”

44) 이 시기에 量田單位로서의 頃이라는 면적단위는 쓰이지 않았다. 세종이 결부법을 폐기하고 경무법을 도입하려 했으나 결국 실패하였다. 이 시기에 시행하고자 했던 경무법은 1경의 넓이가 대략 7,262~9,687평에 해당한다.(金容燮, 2000, 『韓國中世農業史硏究』, 지식산업사, 239쪽). 이를

쓴 배경은 무엇일까? 頃은 흔히 수확량을 고려하지 않고 단순히 면적을 나타낼 때 많이 쓰인다. 말하자면 收稅地로 편입되기 이전 즉 '量給'되기 전의 면적을 표현한 것으로 생각된다.[45] 따라서 측량이 정식으로 이루어진 것이 아니기 때문에 그 면적도 정확한 것은 아니라고 하겠다. 이렇게 본다면 성현은 단지 안목의 농장 규모를 나타내고 싶었을 뿐 엄밀한 근거를 갖고 말한 것은 아닐 것이다. 이 경우에 농장의 규모 안에는 실제로는 경작되지 않는 땅도 포함되었을 것이다. 이른바 山林川澤의 형태로 상당수의 미개간지가 존재하였을 가능성이 높다. 이러한 곳은 사냥과 어렵의 장소로 이용되었을 것으로 생각된다.

염두에 두고 최소한으로 계산하더라도 1만 경은 72,620,000~96,870,000 평에 달한다. 현재 파주시의 전체 면적이 678km²의 대략 1/3에 해당하는 광대한 면적이다. 만일 중국 고대의 경무법을 적용한다면 그 절반 정도로 줄어든다.

45) 예를 들어 動安居士 李承休는 忠烈王 26년 密直副使 監察大夫 詞林承旨로 致仕하였으며 만년에는 외가가 있던 三陟 頭陀山 龜洞에 은퇴하여 同王 27년(1301)에 타계하였다. 그는 불교에 호감을 갖고 있었는데 나중에는 이에 더욱 심취하여 그가 살던 외가 소유의 2頃 정도 되는 柴地를 절에 시납하였다. 그는 다시 근처에 공한지 약간 頃이 있다는 말을 듣고 安集使로부터 허가를 받아 다시 이를 시납하였는데 전후 합하여 시납한 토지가 속언에 따르면 7~8結에 해당된다는 것이다. 이처럼 頃은 측량 이전의 대체적인 면적을 가리키는 것이었다.(朴京安, 1990, 「甲寅柱案考」, 『東方學志』 66, 103쪽 참조)

제2장 姜希孟의 衿陽·高陽別業,
咸陽·安山村舍

1. 머리말

文良公 姜希孟(1424~1483)은 우리나라 최초의 본격적인 농서 저술가라고 할 만하다. 특히『衿陽雜錄』은 근기지방의 소농을 위주로 한 주체적인 농법을 설명하고 있어서,『農事直說』과 함께 선초 농업기술 수준을 말해주는 대표적인 농서로 알려져 있다.

이처럼『금양잡록』에 대해서는 잘 알려져 있으나 저술의 바탕이 된 금양별업을 위시하여 그 밖의 여러 농장에 관해서는 연구된 바가 없다. 그러나 몇 가지 관점에서 강희맹의 농장은 주목할 필요가 있다고 본다.

첫째, 강희맹의 농업경영론은 자신의 농장생활을 토대로 이루어졌다는 점이다. 말하자면 체험적 지식에 格物致知的 분석이 곁들여져 농업경영에 관한 체계적 이론을 끌어낼 수 있었던 것이다.[1] 따라서 그의 농장

---

1)『衿陽雜錄』은 衿陽別業에서의 농업경영을 토대로 한 농업 이론서라고 할 수 있다. 이에 관해서는 박경안, 1999,「姜希孟의 家學과 農業經營論」,『實學思想研究』10·11合輯(본서 제2부 제5장) 참조.

특히 금양별업에 대한 검토는 『금양잡록』의 농업경영론에 관한 보다 심층적인 이해를 가져올 수 있을 것이다.

둘째, 이 시기는 바야흐로 농장이 크게 확대되는 추세에 있었다. 그런데 강희맹의 경우에도 실은 금양별업 이외의 여러 곳에 농장을 두고 있었다. 그동안 알려지지 않았던 이들 농장의 내용을 살펴봄으로써, 강희맹의 사회경제적 형편을 살펴볼 수 있을 뿐만 아니라 당시 농장의 실상을 보다 실증적으로 이해할 수 있을 것으로 생각한다.

사실 본 글은 농장문제에 관하여 그 성격을 확연히 드러내 줄 수 있는 내용을 담고 있는 것은 아니며 단지 하나의 사례 연구에 지나지 않는다. 다만 부족한 문헌사료를 보완하기 위해 현장답사를 통해 나름대로의 노력을 기울였으므로, 이 글을 통해서 15세기 농장의 실체에 보다 가까이할 수 있는 하나의 계기가 되었으면 한다.

2. 강희맹의 가계

강희맹의 집안은 姜啓庸을 중시조로 하는 晉陽 즉 晉州姜氏로서, 고려 원종 때 통신사로 일본에 다녀와 晉山府院君에 봉해진 후부터 이곳을 관향으로 삼게 되었다. 그의 고조는 文敬公 姜君寶로서 고려 三重大匡 鳳山君이었으며, 증조인 恭穆公 姜蓍(1339~1400)는 門下贊成事를 지냈고, 조부인 通亭公 姜淮伯(1357~1402)은 東北面都巡問使였다.

그의 아버지는 戴愍公 姜碩德(1395~1459)으로서 知敦寧府事를 지냈다. 영의정을 지낸 安孝公 沈溫은 대민공의 장인으로서 동시에 世宗妃 昭憲王后의 부친이다. 이에 더하여 강희맹의 외조모 및 부인 安氏

(1429~1482)는 近畿世族이었던 順興安氏 집안이었다. 강희맹은 6남 5녀를 낳았으나 아들인 姜龜孫과 姜鶴孫 그리고 세 딸만 생존했던 것으로 알려지고 있다.

고려말에서 조선초기에 이르는 정치적 혼란기에 강희맹의 집안은 그야말로 순탄치 않은 역경의 세월을 겪게 된다. 麗末 혁명의 와중에서 강회백은 유배를 당하였을 뿐만 아니라 그의 계씨인 姜淮季는 공양왕의 사위라는 이유로 참살되었다. 대체로 鄭夢周(1337~1392)에서 이행으로 이어지는 정치적 입장과도 무관하지 않은 듯하다. 그러나 조선 건국 후에 전개되는 새로운 변화 예컨대 강석덕과 왕실과의 관계라든지 뛰어난 재능을 가진 강희맹의 현달 등을 통해 가문의 재도약을 기하게 된다. 강희맹의 정치적 입지에 관해서는 김종직과의 관계를 통해 사림파와도 연결을 지우기도 하지만 그보다는 오히려 범 훈구파 계열로 보는 것이 무난할 듯하다. 그러면서도, 비록 교화적 측면이라고 생각되지만, 농민의 입장에서 농정 문제를 풀어야 된다고 보는 등 균형감각을 가진 인물로 평가된다.

한편 집안의 학문적 계보로 보면, 조부 강회백은 陽村 權近의 학통을 이었고 부친 강석덕은 騎牛子 李行의 학맥을 이었다. 강희맹의 학맥 관계는 잘 알려져 있지 않으나, 『금양잡록』과 『四時纂要抄』를 저술하였으며, 증조부인 강시가 『農桑輯要』를 복간하여 보급하고자 했던 사실이라든지 형인 姜希顔(1419~1464)이 『養花小錄』을 썼다든지 하는 등 농학을 사실상 家學으로 하는 집안이었다.

그런데 진양강씨의 世居地는 본래 진주였으나 여말에 이르러 중앙에서의 비중이 높아지고 이에 따라 문경공 무렵에는 이미 長湍 혹은 漣川지

역으로 진출한 것으로 보인다. 또한 조선왕조 이후로는 한양천도에
상응하여 다시 고양, 안산 등지로 넓혀간 것이 아니가 생각된다. 따라서
강씨 집안의 농장은 이러한 세거지의 이동과 밀접한 관련이 있다고
하겠다.

또한 강희맹의 농장과 관련하여 언급해야 할 부분은 그가 한 때 작은
아버지인 姜順德의 後嗣로 되어 있었다는 점이다. 바로 이 내용은 강희맹
의 가계와 관련하여 지금까지 별로 주목되지 않은 사실인데, 그의 농장문
제를 이해하고자 할 경우에는 반드시 짚고 넘어가야 할 부분이다.

강희맹의 가계를 그림으로 보면 다음과 같다.(이해를 돕기 위하여
출산자녀의 정확한 내용보다는 필요한 경우만 나타냈다)

〈표 1〉 강희맹의 家系圖

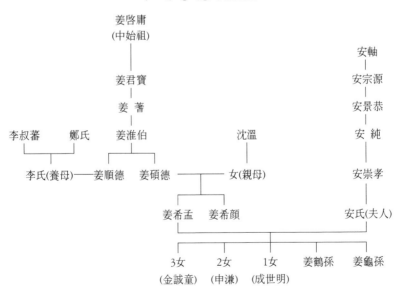

3. 농장의 위치 및 유래

『衿陽雜錄』,『私淑齋集』,『晉山世稿』 등에는 강희맹 자신의 농장에 관련된 내용이 간헐적으로 언급되어 있다. 예를 들면, '衿陽別業', '衿川莊', '衿陽村舍', '高陽別業', '高陽村舍', '高陽弊業', '咸陽村舍', '安山村舍', '蓮城村舍' 등에 관한 내용이 바로 그것이다.[2]

여말선초의 농장은 다양한 명칭으로 불리었으므로,[3] 위의 명칭만 보더라도 강희맹은 금양, 고양, 함양, 안산 등지에 농장을 갖고 있었음을 알 수 있다. 사실 농장이라는 것은 법제화된 공적 개념이라기보다는 사적 개념에 속한다.[4] 따라서 강희맹 자신도 하나의 농장을 여러 명칭을 붙여 부를 정도로 각 명칭간에 특별한 구분은 없었다. 또한 토지지배의 유형이라든가 규모에 있어서도 차이를 보인다. 다만, 후술하는 바와 같이, 농장으로 부르는 데에는 일정한 요건이 있었던 듯하다. 이하 이들 농장의 실체를 확인하고 아울러 사회경제적 여건에 관해서도 알아보기로 한다.[5]

---

2) 蓮城은 安山의 다른 명칭이다.

3) 예를 들면, '農所, 農舍, 農場, 農野, 別墅, 別業, 鄕墅, 田墅, 村庄, 村墅, 山莊, 莊園' 등을 들 수 있다.(周藤吉之, 1934,「麗末鮮初における農莊に就いて」,『靑丘學叢』17, 3쪽) 그러나 '農所'라든가 '農場'은 본 글에서 취하고자 하는 '農莊'의 개념과는 구별된다.(각주 20) 참조)

4) '農莊'과 비교해서 '田莊'은 공적 개념이 강하였다. 신라통일기의 전장은 국가가 '分茅胙土'의 봉건원리로서 인정해준 토지였다.(李仁在, 1997, 「新羅統一期 田莊의 形成과 經營」,『韓國 古代·中世의 支配體制와 農民』, 141쪽)

5) 각 농장의 위치에 관하여 주로 韓國學文獻硏究所編, 1981,「衿陽雜錄」, 『農書1』(亞細亞文化社 發行)과 李佑成編, 1992,『私淑齋集』(亞細亞文化社

1) 금양별업

강희맹이 언급한 기록 가운데 금양별업에 관한 내용이 가장 많은 것을 보면, 그가 가장 애착을 갖고 오랫동안 기거했던 곳으로 생각된다. 별업이 위치한 衿陽縣은 원래 衿川縣과 陽川縣의 통합에 따른 명칭으로 태종 14년에서 15년 사이에 잠깐 존재했던 행정구역이다.[6]

그 위치는 지금의 안양천을 중심으로 부천과 시흥을 포함하여 한강에 이르는 지역에 해당된다. 당시 서울에서 남쪽으로 내려가는 길은 '서울－동작－과천' 코스를 비롯하여 목적지에 따른 여러 갈래가 있었다. 그 중에는 '서울－노량진－시흥'의 코스도 있었는데, 금양현은 서울에서 노량진을 거쳐 오늘날 시흥에 이르는 곳에 있었다. 이러한 사실은 『사숙재집』의 내용 가운데 실제로 이 길을 따라서 금천장을 거쳐 남행하였다는 기록을 통해서 확인된다.

> 남쪽으로 路梁津을 건너자 흘러 떨어지는 물이 모래톱에 아득하도다. 가는 길에 금천장에 도달하니 지붕 한모퉁이가 나무숲에 기대어 있구나.[7]

위의 '금천', '양천' 혹은 '果川' 등의 명칭에서도 느낄 수 있듯이, 이

發行) 그리고 景仁文化社刊, 1976, 『晉山世稿』를 이용하였다. 한편 衿陽 및 安山別業 등의 경우에는 현장답사를 통해 자취를 확인할 수 있었다.

6) 衿川縣은 원래 고려초 衿州(黔州)에서 유래한 것으로서, 朝鮮朝에 이르러 太宗 14년 果川과 병합되어 두어 달 정도 衿果縣으로 부르더니 다시 陽川과 병합되어 衿陽縣으로 만들었는데 한 해만에 혁파되어 衿川縣으로 되돌아갔다.(『新增東國輿地勝覽』 卷10, 衿川縣)

7) 「一菴之南行左相申高靈贈詩云 (하략)」, 『私淑齋集』, 115쪽.

지역은 한강의 지류가 특히 발달한 곳이다. 금천 즉 지금의 安養川을 중심으로 하는 이 지역은 홍수 피해가 많았던 곳으로 잘 알려져 있다. 그렇기 때문에 강희맹도 금양현의 농업환경은 많은 인구를 거느릴 만큼 그렇게 좋은 곳은 못되는 것으로 판단하고 있었다.

> 금양현은 동쪽으로 衿山에 위치하였고 서북쪽은 漢水와 이어져 있어서 농토는 논과 밭이 서로 반반이다. 그러나 척박한 곳이 많고 비옥한 곳이 드물어 농토가 물가에 있는 경우라도 가물면 말라버리고 물이 들면 침수되어 열을 잃고 아홉을 얻으니 사람들이 모여 살 곳은 못된다.[8]

말하자면 풍부한 수자원을 지척에 두고서도 이를 효과적으로 이용할 수 있는 수리시설이 갖추어져 있지 않았던 것이다. 아직 이 시기에는 예컨대 '洑'와 같은 본격적 수리시설이 널리 보급되기 이전의 상황이었다.[9] 오히려 한강의 지류가 범람하면 큰 피해를 입기 마련이었다. 따라서 한강지류는 농사에 도움을 주기보다는 오히려 피해를 주는 것으로 인식되었다.

그러나 강희맹에 의하면, 적은 고을로서는 괜찮은 편이었고 더구나 산과 강이 어우러져 있어서 풍광이 좋은 곳으로 인식되었다.[10] 금양별업

---

8) 「農談二」, 『衿陽雜錄』.
9) 정확한 지명은 알 수 없으나 『私淑齋集』에는 다음과 같은 내용의 글도 보인다. 예를 들면, "도랑물 졸졸 흘러 진흙탕에 발목차고 (중략) 통대로 샘물 끌어 언덕 너머 돌려놓네"라는 시가 등장한다. 대체로 함양 근방의 모습이 아닌가 생각되는데, 농업용수 공급과 관련된 이러한 장면은 당시에는 일상적인 것이 아니었을까 생각한다.(「復用前韻答太守詠田家四時」, 『私淑齋集』 卷7)

은 바로 이러한 자연조건을 배경으로 위치하고 있었다. 현재 행정구역상
으로 보면 서울의 금천구 시흥동 일대에 속한다.

한편 강희맹은 금양별업을 다음과 같이 묘사하기도 하였다.

밭은 百畝를 넘지 못하였으며 땅이 또한 척박하여 농사를 지어도
별로 남는 것이 없었다. 다만 전부터 내려오는 농장으로서 소나무,
개오동나무, 뽕나무, 가래나무 등이 땔감으로 잘리지 않은 탓에 소위
'萬松岡'이라고 한다.[11]

금양별업의 밭은 백 무 즉 一頃이 못되는 작은 규모였다. 그러나
농장 안에는 소나무를 위시하여 많은 나무가 있었으므로 강희맹 스스로
'소나무가 많은 언덕'이라는 뜻으로 '만송강'이라고 하였다. 그리고 이를
자신의 雅號로 이용하기도 하였다. 이처럼 농장 안에는 경작지 이외에도
산림이 부속되어 있었다. 따라서 전체 별업의 실제 크기는 2~3경은
되었을 가능성도 있다.

당시의 농장은 흔히 山林川澤이 딸린 형태로 존재하였다.[12] '땔감으로
잘리지 않은 탓에 운운' 하는 말에서도 알 수 있는 바와 같이 이 시기

---

10) 강희맹은 세조 8년 여름 친구(洪君晞)의 別墅에 扁額이 없다는 말을
들고 '萬休'로 지어주면서, "衿陽이 비록 작은 고을이나 山林이 있고,
江湖가 있어서, 田土는 족히 생활을 유지할 만하고 (하략)"라고 하였다.(姜
希孟, 1462, 「萬休亭記」, 『국역 동문선』XI, 145쪽)

11) 「跋文」, 『衿陽雜錄』.

12) 여말 安牧의 농장은 수만 경에 달하였다고 하였으나 실제 대부분의
지역은 산림이었을 것으로 판단된다. 이렇게 넓은 공간은 흔히 사냥터로
이용되곤 하였다.(박경안, 2000, 「여말선초 순흥안씨가의 파주농장에
관하여」, 『경기향토사학』5(본서 제1부 제1장) 참조)

산림은 흔히 연료채취지로서 중요하였다. '만송강'은 바로 이러한 산림천택의 한 **형태**로서 타인의 출입을 허용하지 않았던 것으로 생각된다.

또한 농장에는 현판을 걸어놓고 지내는 경우가 많았는데,[13] 강희맹의 경우에도 아마 '만송강'이라는 扁額이 걸려 있었을 것이다. 서울에서 남쪽으로 향하는 길가에서 쳐다보면 산기슭에 정자의 지붕이 걸쳐 있는 듯한 위치에 있었던 것 같다.[14] 특히 금양별업은 한양에서 가장 가까워서 마음만 먹으면 하루 사이에 왕복할 수 있는 거리였다. 따라서 하루 근무가 끝나면 농장에 가서 黃冠野服 차림으로 왕래소요하며 마을 노인네들과 농담을 주고받을 수 있었던 것이다.[15] 이 밖에 금양별업에서의 생활에 관해서는 다음과 같은 내용의 시가 엿보인다.

금양에서 문닫고 누웠자니 문밖에는 수레 소리 들리지 않고 창문은 환히 밝고 온돌방 뜨뜻한데 이불 둘러쓰고 자라처럼 움츠렸는걸. 채소도 먹고 밥도 먹음직스러우며 냉이 국 끓여 먹고 죽도 마시는데 때로는 마을의 술 생기면 취한 눈가엔 불그레 테두리 생기지.[16]

---

13) 예를 들면, '萬休'라든가(각주 10) 참조), 徐居正의 '四佳亭'(「四佳亭記」, 『東文選』 권80)과 같은 것이 그러한 경우이다.
14) 이는 '우뚝 선 작은 정자 만송강을 바라보고 있네'라는 그의 시 표현에서 알 수 있다.(「次仁齋韻寄一菴」, 『私淑齋集』, 94~97쪽)
15) 「跋文」, 『衿陽雜錄』. 실록의 기록에 의하면 당시 사대부들은 틈틈이 농장을 가보았던 것 같다. 그러나 공무에 방해된다고 하여 하루거리 이상은 정식으로 휴가를 받아야 가능하였다.(『성종실록』 6년 11월 10일 을묘조)
16) 「丁亥九月二十日恩許假閑退臥衿陽別業因念景武氏艱關羈旅述懷以贈」, 『私淑齋集』, 169쪽.

금양별업의 유래에 관해서는 아들인 ●孫이 『금양잡록』의 跋文에서
밝히고 있다.[17] 일찍이 靖肅公 安純(1371~1440)은 그의 부친인 興寧府院
君 景恭(?~1421)이 죽자 그를 관악산 줄기인 衿州山 서쪽 기슭에 모시고
초막생활을 함으로써 사대부로서의 예를 다하였다. 말하자면 안씨가의
별업은 祠堂的 기능을 갖고 있었는데, 정숙공은 벼슬을 그만둔 후에도
이곳에 퇴거하여 나라의 대사가 있을 때에만 나가서 일을 보았다. 귀손에
의하면 이때부터 금양별업이 비롯되었다고 설명하고 있다.

별업은 후에 그의 아들인 觀察公 崇孝(?~1460)에게로 넘어오게 되었으
며 이 이가 바로 강희맹의 장인이었다. 말하자면 증여에 의한 농장이라고
할 수 있다. 당초 이곳은 順興安氏家의 賜牌地였던 것으로 알려져 있다.[18]
안씨가의 사패지 가운데 일정 부분이 강씨 문중으로 넘어오게 된 셈이
다.[19] 세조 5년 경의 일이었다.

그러나 정숙공이 퇴거하여 살면서부터 별업이 시작되었다고 한 점으

---

17) "衿陽別業 我外曾祖贊成靖肅安公 所闢也 靖肅葬皇考興寧府院君 於衿州山
    西支 因廬爲家 仍寧致仕 退居于此 國之大事 每見就問 及其歿也 傳之我外舅
    觀察公 而遂及我先君", 「跋文」, 『衿陽雜錄』.

18) 향토사 기록에 의하면, 원래 이 땅은 태종으로부터 하사받은 사패지로
    알려져 있다.(『鄕土文化誌』, 서울特別市 衿川區, 431쪽) 그러나 실록에는
    관련 기록이 남아 있지 않다. 다만 安景公은 翊戴開國功臣이 확실하므로
    功臣錄券을 통해 토지를 하사받았을 것이다. 태종 7년 田地遞給法을
    정하여 공신이 죽은 후 嫡子가 없을 경우 妾子에게 주도록 했으며 동왕
    16년 10월에는 상속을 허용했고 세종 7년 10월에는 자손에게 영구히
    상속하도록 했다. 이런 등등의 조처로 보아 태종으로부터 하사받았다는
    말은 적자로서 상속이 허용되었다는 의미가 아닐까 한다.

19) 사패전은 공신전과 별사전이 있는데 그 차이는 영대 상속이냐 아니면
    당대에 한정되느냐로 구분된다.

로 보아, 사패지 자체를 별업이라고 부르지는 않았음을 알 수 있다. 그러니까 최소한 초막이라도 지어져 있어서 필요하면 거주할 수 있는 곳을 별업이라고 부른 것이 아닌가 한다. 또한 건물이 있으면 당연히 그 곳에 상주하면서 농장을 관리하거나 농사를 짓는 사람을 상정할 수 있다. 그렇다면 이 시기 농장은 토지와 건물 그리고 사람의 세 구성요소를 생각해 볼 수 있겠다.[20]

어쨌든 비록 특별한 사정에 의해 증여받기는 하였으나 흔한 일은 아니었다. 따라서 이를 빗대어, '玉을 좋아하는 사람이 굳이 마을의 밖에 있는 사람에게 주는 것과 어찌 다르다고 하겠는가?'[21]라고 하여 대단한 후의로 받아들였다.

2) 고양별업

고양별업은 금양별업에 비해 현재 남아있는 자료는 극히 희소한 편이다.

> 오랫동안 부끄럽게도 벼슬생활을 하였네. 이제 길을 바꿔 가난한 백성이 되었도다. 高陽의 弊業을 고쳐 자리잡으니 그윽한 즐거움이 자못 볼만하구나.[22]

---

20) 다만 흔히 말하는 '農場' 혹은 '農所'는 일반적으로 농토라는 뜻이 있으므로 '農莊'과는 좀 다른 개념으로 쓰이기도 한다.

21) "是豈非愛玉者 必擇越鄉之力 而授之耶",「跋文」,『衿陽雜錄』.

22) "久愧乘軒鶴 旋從曳尾龜 高陽修弊業 幽興頗相宜",「落職歸高陽村舍剛中贈詩以慰步韻答謝十首」,『私淑齋集』, 118쪽.

위의 글은 강희맹이 友人 徐居正(1420~1488)에게 보낸 答詩이다. 강희맹은 한때 벼슬을 잃고 고양별업에 내려와 있었는데, 서거정이 보낸 시는 아마도 강희맹의 울적한 심정을 위로하기 위한 것으로 짐작된다. 그러나 글의 내용을 보면, 강희맹은 오랜 관직생활을 청산하고 시골에 파묻히게 된 것을 오히려 즐기는 듯하다.

양반 사대부에게 농장과 農舍는 治産하는 業農으로서의 별업이었고 본가와 구별되는 別墅였다.23) 따라서 벼슬을 그만두면 당연히 별업을 찾게 되었을 것이다. 그는 벼슬살이로 구속받기 보다는 차라리 가난한 백성들처럼 지냈으면 하는 심정으로 시를 쓰고 있다. 고양별업의 위치라든가 규모에 관련하여 다음의 기록이 참고된다.

겨울비가 내리니 누추한 집이 더욱 어두워지는구나. 숨어사는 나(幽人)는 생각할 바를 잠시 잊었네. (중략) 개울가 여자들의 얼굴은 새까맣고 시골아이들의 손은 마치 거북등처럼 갈라져 있구나. 시골(鄕關)과 서울(朝市)이 지척인데도 마치 다른 세상같도다. (중략) 궁핍한 마을이라 수레나 말이 별로 다니질 않으니 서로 간에 생각을 나눌 사람조차 없구나.24)

정황으로 보아 고양별업에는 평범한 시골의 초가를 연상시키는 건물(莊舍)이 있었으며 주변에는 개울이 흐르고 있었다. 서울과는 아주 가까운 곳임에도 불구하고 별로 오가는 사람이 없는 한적한 마을이었다. 장사

23) 李景植, 1998, 「朝鮮前期 兩班의 土地所有와 農莊」, 『朝鮮前期土地制度硏究(Ⅱ)』, 232쪽.
24) 「落職歸高陽村舍剛中贈詩以慰步韻答謝十首」, 『私淑齋集』, 118쪽.

주변의 개울을 포함하여 시골 사람들에 관한 내용은 농장 및 이와 연관된
당시 서민들의 일상적인 모습이 아니었을까 생각된다. 서울과 가깝다는
점 이외에 농장의 전체적 규모는 정확히 알 수는 없다. 그러나 폐업을
수리하였다는 말에서도 알 수 있듯이, 그동안 제대로 돌보지 못하였음을
짐작하게 된다.25)

그런데 고양별업에서의 생활을 보여주는 시 가운데에는 다음과 같은
내용도 있다.

　오늘 아침 孟光을 보내고 즐겁게 고양 땅에 도착하였네. 메마른
땅이지만 다행히 잘 여물어 누런 나락이 구름처럼 펼쳐져 있구나.
웅덩이에는 누런 물고기가 보기 좋은데 울타리에는 국화향기가 가득하
도다. 君26)이 돌아와 술빚어 오라 재촉하니 화급히 술상이 올라오네.
나도 역시 그 뒤를 따라가서 물고기와 쌀밥을 맛보았소. 더불어 취해
기둥 앞에 엎드려 세상사의 황당함을 생각해 보았네.27)

위의 표현에 따르면, 고양별업의 땅도 그렇게 기름진 곳은 아닌 듯하다.
그러나 샘물이 나오는 곳에 물웅덩이를 만들고 이를 이용하여 관개를
하여 벼농사를 지을 수 있을 정도는 되었다. 또한 이곳에 물고기를

---

25) 같은 시기의 것으로 보이는 시가 하나 더 있는데, 아들 귀손이 政目을
　　보내준 데 대하여 느낀 소감을 적은 것이다.(「落職在高陽別業龜孫送政目
　　感而有作」, 『私淑齋集』, 128쪽)
26) 여기에서 君의 실체는 孟光으로 보인다.
27) "今朝送孟光 好去到高陽 薄田幸成熟 秔稻連雲黃 汚地金鰤美 籬落菊枝香
　　君歸催釀酒 火急上槽床 我亦遂後行 直就魚稻鄕 共醉臥前楹 料理人世忙",
　　「書懷」, 『私淑齋集』, 168~169쪽.

길러 단백질 공급원 역할도 겸할 수 있었다. 농장에서 지내는 동안 攝生에 도움이 되었을 것이다.[28] 이를테면 자급자족의 생활공간이었던 셈이다. 천수답과 수리답의 중간정도에 속하는 이와 같은 방식의 벼농사 는 얼마 전까지도 경기도 일대에서 흔히 볼 수 있었다.

한편 앞에 언급한 두 시에서 강희맹은 모두 '落職'이라는 표현(각주 22), 24) 참조)을 쓰고 있다.『조선왕조실록』에 의하면 강희맹은 두 번에 걸쳐서 파직된 바가 있었다. 첫 번째는 문종 원년 '英陵小祥祭'와 관련하 여, 두 번째는 세조 13년 9월 20일 '北征軍士'의 위로문제와 관련된 것이다.[29] 여러 가지 정황으로 보아 위의 시들은 아마도 두 번째 경우로 보인다.[30] 이때 그의 나이는 44살이었다. 위 시의 내용으로 보면 파직당하 자 바로 고양별업에 내려와 장사를 수리하였을 것이다. 그리고 아들

---

28) 이 시기 농장은 가끔 와서 휴식을 취하는 정도의, 말하자면 요즘의 별장과는 좀 다른 개념이었다고 생각된다. 물론 이러한 측면이 없는 것은 아니지만 그보다는 본가와는 다른 또 하나의 생활터전으로 생각했 던 것 같다. 예컨대 이 무렵 徐居正이 元代 攝生·養生·衛生의 요점을 설명한, 지식인의 在野居家의 준비서인『山居四要』를 간행하였다든가 혹은 全循義가『山家要錄』을 펴낸 것도 실은 바로 당시 사대부들의 풍조를 반영한 것이라 생각한다.

29) 첫 번째 '英陵小祥祭'의 경우는 세종대왕의 일년상을 치르는 문제로 신임을 잃었기 때문이다. 두 번째 경우는 이시애난의 평정에 공을 세운 군사들을 영접하는 과정에서 세조의 비위를 거슬린 때문이었다.

30) 첫 번째 경우는 그가 아직 불과 28세의 젊은 나이라는 점이 내용과 잘 부합되지 않는다. 두 번째 경우에 국왕 세조는 예조로 하여금 여러 가지 일을 준비하게 하였으나, 예조판서인 강희맹의 행동이 자신의 뜻에 거슬리게 되었기 때문이었다. 그런데 세조는 전부터 그를 진작 파직시킬 것을 생각하고 있었다는 것이다.(『조선왕조실록』같은 시기 기록 참조)

귀손이 아버지의 파직에 관한 政目[31])을 받아가지고 온 듯하다. 서거정이 위로의 시를 지어 보낸 것도 이 무렵의 일일 것이다.[32])

고양별업의 유래에 관해서는 확실한 내용을 알 수가 없다. 다만 강희맹이 쓴 부친 戴民公 姜碩德의 行狀에 의하면 다음과 같은 구절이 보인다.

> 西郊別墅에 退居하여 요양하시다가 별세하시니 享壽가 육십오 세이 셨다.[33])

위에서 말하는 '서교'란 당시 서울의 서쪽 郊外를 지칭하는 것으로 본다면 서대문 밖의 고양지역을 가리키는 것이다. 따라서 강석덕은 고양에 별업을 갖고 있었던 것이다.

그렇다면 대민공은 어떻게 이 별업을 소유하게 되었을까? 주목되는 점은 강회백의 모친 즉 공목공 시의 부인의 묘소가 원래는 지금의 파주시 條里面 奉日川 지역이었으나 나중에 이장되었다는 사실이다.[34]) 이장된 장소는 실전되어 정확히 알 수는 없으나, 진주강씨 중앙종회측에 따르면, 대략 지금의 고양시 大慈洞 근처가 아닌가 추측하고 있다. 이들 지역은

---

31) 조선시기 벼슬아치의 任免을 적은 기록.

32) 그러나 그 후 무슨 원인인지는 모르겠으나 이곳을 떠나 금양별업으로 자리를 옮긴 것으로 추측된다.

33) 「玩易齋先生戴愍姜公行狀」, 『晉山世稿』, 65쪽.

34) '奉日川'은 '曲陵川'이라고도 한다. 이장 동기에 관해서는 다음과 같은 내용이 전해진다. 즉, 睿宗의 원비인 章順王后 즉 韓明澮의 딸의 장지를 찾던 중 풍수에 적합한 곳을 발견하였는데 이곳이 바로 강회백의 모친의 묘소였다는 것이다.(『조선왕조실록』 卷27, 세조 8년 1월 4일 및 5일자 기록 참조)

과거 진주강씨의 세거지 가운데 하나였다.[35] 그렇다면 별업의 위치는 옛 고양군 지역으로서 지금의 파주시 봉일천 지역을 포함하는 고양시 대자동과 가까운 주변 지역이었을 것이다. 그리고 강회백의 넷째 아들인 대민공이 이 땅을 물려받게 된 것이 아닌가 생각된다.[36]

그런데 중요한 것은 실제로 강희맹은 이미 숙부 姜順德의 立後[37]로서 강석덕의 별업을 상속받을 위치에 있지 않았다는 점이다. 따라서 오히려 이 농장은 강희안에게 상속되었을 것이다. 다만 앞에서도 언급한 바와 같이 강희맹이 이곳에 있었던 시기는 대략 세조 13년 경으로 그의 나이 44살 무렵이었다. 이때에는 강석덕과 그의 뒤를 잇기로 되어 있었던 강희맹의 형 희안도 이미 죽고 난 뒤의 일이었다. 더구나 강희안에게는 자손도 없었으므로 강희맹은 강석덕의 뒤를 잇지 않으면 안 되는 처지에 있었을 것이다.

이러한 정황으로 보아 고양별업은 사실상 강희맹이 관리하고 있었던 것이 아닌가 생각된다. 장사를 수리하였을 뿐만 아니라 또한 이를 '폐업'이라고 표현한 사실은 바로 이를 나타낸 것이라 하겠다. 그러나 성종 7년 국가는 강희맹으로 하여금 강석덕의 後嗣를 잇도록 허락한 것을

---

35) 이 지역에는 지금도 진주강씨 후손들의 묘소 및 세거지가 일부 남아 있다. 또한 고양시 일산구 마두동에 있는 '姜村'은 원래 바로 이들 세거지 가운데 하나였다.

36) 강회백은 5남 2녀를 두었는데 선실인 동래정씨와는 宗德, 友德, 進德이 있고, 계실인 성주이씨와는 碩德, 順德이 있었다. 그런데 맏이 종덕은 두문동에 들어가 결국 예천에서 은거한 것으로 되어 있고 둘째와 셋째도 진주와 합천에 각각 내려와 있었던 것으로 종중에서는 보고 있다.

37) 각주 48) 참조. 당시 立後를 내세우려면 일정한 조건과 절차가 필요하였다. 나중에 이러한 사항은 『經國大典』에 수록되었다.

보면,[38] 그 이전까지는 별업의 관리가 완전한 것이 아닌 임시적인 것이었을 가능성이 높다.[39]

3) 함양촌사

다음 함양의 경우에는 '별업'이라는 명칭은 보이지 않지만 '庄'이라는 표현을 쓴 것을 보면, '별업'과 '촌사' 그리고 '庄'은 같은 개념일 것이다. 『사숙재집』에는 이곳 함양촌사에서 강희맹이 申叔舟(1417~1475), 서거정(1420~1488) 및 金宗直(1431~1492)과 시를 주고 받은 사실을 기록하고 있다.[40] 함양촌사와 관련하여 강희맹은 다음과 같이 말하고 있다.

함양이란 郡은 智異의 여러 산 사이에 끼어 있어서 가장 궁벽한 곳이다. 景醇[41]이 甲子年(1444, 세종 26) 겨울에 蹄界里의 庄舍에서 지내는데, 바야흐로 공부할 생각으로 더불어 같이 講論할 사람을 모색하고 있었다. (중략)

그 뒤 21년이 지난 甲午年(1474, 성종 5) 여름에 경순이 養親의 服을

---

38) 『성종실록』 7년 6월 2일 계유조.
39) 이와 관련하여 다음의 기록이 참고된다. "公이 세상을 떠난 지 9년 뒤인 癸巳年(1473, 成宗 4년) 봄에 그의 옛 전원을 찾았더니, 황무한 채 손을 대지 아니하여 꽃과 나무가 모자라지고 없어졌다. 머뭇거리며 돌아보는 동안 감정을 억제할 수 없었다."(「양화소록서」, 『국역 동문선』 XI, 238쪽)
40) 「在咸陽村舍邀太守夜話于花長寺」, 『私淑齋集』, 302쪽 ; 「咸陽村舍不堪閑寂作墨戲十五紙題其額」, 『私淑齋集』, 302쪽 ; 「咸陽村舍奉次申高靈所寄九首」, 『私淑齋集』, 321쪽 ; 「咸陽村舍和徐剛中二首」, 『私淑齋集』, 324쪽.
41) 姜希孟의 字.

입게 되어, 이 해 겨울에 가족을 데리고 남쪽으로 돌아갔다. 이때에
一善侯 宗直이 군수가 되었는데 그 지방의 父老들이 입을 모아 그를
칭찬하기를 (하략)[42]

이처럼 함양촌사는 지리산 깊은 산골 제계리에 있는 아주 외진 곳이었
다.[43] 적막하고 쓸쓸한 마을에 오는 사람도 별로 없다고 하였다.[44]
강희맹은 21살 때 공부하기 위해 이곳에서 지낸 적이 있었으며[45] 다시
51살 때인 성종 5년에는 養親服을 입게 되어 가족과 함께 내려오게
되었다는 것이다. 김종직이 咸陽太守로 있던 시기는 성종 4~6년 경의
일이었으므로 강희맹이 함양촌사에 있었던 시기와도 일치한다.

여기서 말하는 '양친복'이란 무슨 일일까? 얼핏 생각하면 養母 李氏와
관련된 듯하지만 그렇지는 않다. 이미 오래 전에 타계하였기 때문이다.
추측컨대 양모 이씨의 모친 즉 李叔蕃의 처 鄭氏를 지칭하는 듯하다.[46]

한편 함양촌사의 유래에 관해서도 그 실체가 드러나 있지는 않다.

---

42) 「送兪修撰歸養序」, 『續東文選』卷15, 序.
43) 필자는 함양에 들러 '蹄界里'의 현재 위치를 알아보고자 시도하였으나
아직 확인하지는 못하였다. 다만 함양읍에서 남원으로 넘어가는 길목에
'蹄閑 마을'이라는 곳이 있다. 또한 姜仁齋의 靑鶴洞·菁川江의 두 족자와
경운도로 짐작컨대 그림의 배경과 관련이 있지 않을까 한다.(「용재총화」
1 ; 『대동야승』 1(번역본), 13쪽)
44) "寂蓼門巷少來人 客裏消憂酒有神", 「咸陽村舍奉次申高靈所寄九首」, 『私
淑齋集』, 321쪽 ; "智異山光倒海明 幅員方可浹旬程", 「申高靈復寄詩次韻
六首」, 『私淑齋集』, 323쪽.
45) 강희맹은 16세에 進士시험에, 24세에는 文科에 魁科로 합격했다.(「弘文博
士曺大虛榮親序」, 『續東文選』卷15, 序)
46) 이는 문중에 보관중인 옛 족보를 통해서도 확인할 수 있었다.

그 위치로 보아 역시 강희맹의 家業으로 보기는 어려울 듯하다. 강희맹의
형, 부친, 조부 그리고 증조부의 묘소는 원래 모두 장단(옛 장단군 대강면
나부리)과 연천(지금의 연천군 왕징면 강내리) 지역에 있었다. 이들 지역
이야말로 강씨집안 원래의 世居地였을 것이다. 따라서 함양촌사를 가업
으로 보기는 어렵다.

그런데 이와 관련하여 하나 놓칠 수 없는 일은 안성이씨의 부친인
이숙번의 流配地가 바로 함양땅이었다는 점이다. 그렇다면 함양촌사는
원래 이숙번의 재산이었을 가능성이 많다. 말하자면 이숙번은 자신의
농장에서 유배생활을 하였던 것이다.47) 그리고 강희맹이 일찍이 공부하
러 내려왔던 적도 있었던 만큼, 이숙번이 딸 이씨 즉 강희맹의 양모에게
넘겨준 재산이 아닐까 한다.48) 비록 궁벽한 곳이기는 하였으나 산업이
풍족하다고 한 점49)으로 보아 농장의 규모는 상당히 컸던 것으로 짐작된
다.

---

47) 이숙번의 귀양지는 주로 그의 농장이었다. 일찍이 이숙번은 당초 延安府
   의 農莊에 配所되었으나 나중에 다시 자원에 따라 外方에 安置되었다.
   바로 그곳이 경상도 咸陽이었다. 世宗이 대사헌 申商에게 이숙번의 사는
   형편을 물어보니 産業이 풍족하다고 하였다.(『태종실록』16년 6월 4일
   갑자, 7월 17일 병오 및 17년 3월 4일 경인 기록을 참조)
48) 이숙번 夫妻는 문권에 서명을 하여 乙未年(1415, 태종 15년)에 奴婢·田
   地·家舍·財産을 자녀들에게 준 것으로 되어 있으며, 맏사위 강순덕과
   이숙번의 딸은 辛酉年(1441, 세종 23년)에 조카 강희맹을 후사로 삼아
   아들로 삼고 奴婢·田地·家舍·財産을 이어받게 하였다.(『朝鮮王朝實
   錄』단종 즉위년 11월 5일 계해 및 동왕 원년 1월 20일 무인조)
49) 각주 47) 참조.

4) 안산촌사

안산은 姜門一派가 世居하여 누대의 후손들이 번창하여 각처에 퍼져 家計를 이루어 풍요로워진 곳이다.[50] 또한 동시에 강희맹의 양모인 安城李氏의 묘소가 있는 곳이기도 하다. 그는 어렸을 때부터 양모에게 보내져 친부모나 다름없는 애틋한 정을 갖고 있었다.[51] 그런데 1476년(성종 7)의 기록에 의하면, 강희맹은 服中에 있었으며[52] 당시 금양과 연성(안산의 다른 이름)의 兩邑 사이를 왕래하였다고 하였다.[53] 이렇게 3년을 지냈으나 아무도 다녀간 사람이 없었다는 것이다. 강희맹은 원래 서울에 본가를 두고 있었지만[54] 당시에는 오직 두 곳을 오가며 생활을 한 것으로 보인다.

양모 이씨의 묘소가 있었던 安山郡 職串에 관하여 다음과 같은 기록이 있다.

---

50) "安山之地職串名區 姜門一派世居 累代後孫蕃衍 各處家計豊饒",「贈嘉善大夫戶曹參判封菁州君晉州姜公晉昌之墓碑銘」.

51) 강희맹은 2살 때부터 양모의 품에서 자라났다. 따라서 그는 양모에 대한 정이 친부모와 다름이 없었던 듯하다.(「祭養母貞敬大夫人李氏文」,『私淑齋集』, 763쪽)

52) 이는 아마도 양모 이씨의 모친이자 이숙번의 처인 정씨의 죽음과 관련이 있을 것이다.

53) "景醇持服 往來衿陽蓮城兩邑之間 歲三周而人無與來 (중략) 丙申(成宗 7년) 夏 景醇在衿陽 有以褐屬來謁者 云鄕進士",「贈姜進士三首」,『私淑齋集』, 344쪽.

54) 참고로 강희맹의 집과 관련된 내용 중에는 다음과 같은 기록이 보인다. "집이 宮城에 가까우니 아침저녁으로 종소리를 듣네. 다행히 나랏일이 한가하니 꿈결에 점심을 맞는도다."(「閑中偶吟十八首」,『私淑齋集』, 124쪽)

安山郡鎭애 이르기를, 脩理山 동쪽 줄기가 남쪽으로 뻗어 다시 서쪽으로 꺾어진 후 빠르게 달려 바닷가로 향하고 있는데, 이 근처 수십 리가 직곶이다. 이곳은 풍수가 모여 하나의 좋은 자리를 만들고 있는 바 이곳이 바로 돌아가신 어머니 이씨의 묘소이다. 여기서 반 리쯤 산 양지바른 곳이 있다.

지난 戊子年(1468, 睿宗 卽位年) 가을에 家老인 金貴男이 크게 소원을 빌어 부처님을 모시기를 원하여 적당한 곳을 찾아 숲을 깎고 자갈땅을 일구었다. 그 때 우연히 남북 양쪽에서 샘을 발견하였는데, 香積에 올려놓을 수 있을 만큼 달고 맛이 있었다. 귀남이 이에 암자의 이름을 요청하니 즉시 '水月'이라고 하였다. 그 후 壬辰年(1472, 成宗 3)에 湯沐을 청하게 되니 모친 앞에 절하고 이어서 觀音大士像 앞에서 禮를 표하였다.[55]

안산군의 직곶 일대는 말하자면 당초 이숙번(세종 22년 사망)의 별업이었다.[56] 양모 이씨가 묻힌 것은 그 곳이 바로 이숙번으로부터 상속받은 땅이었기 때문이다. 직곶 일대의 안산촌사에는 산림이 달려 있었으며, 풍수에 적합한 吉地에는 양모 이씨의 묘소가 자리잡고 있었다. 또한

---

55) "安山郡鎭曰 脩理山其東一枝南行西折 而奔趨入海浦者 近數十里卽 所謂職串也 職串之傍 風水儲聚自成一局者 卽我先妣李氏塋域也 距塋半里許 山陽有地 (중략) 越戊子秋 家老金貴南 發大誓願欲成蘭 若卽卜其地 剔除蓁荒鏟夷嶢确 又得泉脉於子午兩方 源深味甛可供香積 (중략) 貴男從而請菴名 吾迺當境卽相名曰水月 後歲請湯沐 來拜墓下仍禮大士像前", 「水月菴記」, 『私淑齋集』, 517쪽.

56) 「安山別業重修記」, 『晉山世稿』, 373~375쪽. 이숙번은 이곳에서 어머니의 禪祭를 지낸 바도 있었다. 묘소가 안산에 있는 것으로 보아 말년에 그는 함양 배소에서 풀려나와 이곳에서 죽은 것으로 보인다.

여기에서 반 리 쯤 떨어진 양지바른 곳에 부처님을 모시기 위해 숲을 깎고 자갈땅을 일구었다. 강씨 문중이 세거하였다는 사실에서 알 수 있는 바와 같이 농장의 규모도 상당히 컸던 것으로 보아야 한다. 농장 안에는 산림을 포함하여 농경지가 펼쳐져 있었으며 이는 稻田, 蔬圃, 菓圃 등으로 이용되고 있었다.[57]

한편 위의 내용 중에 강희맹이 탕목을 청하였다는 기록을 주목할 필요가 있다. 탕목을 요청한 시점이 성종 3년이지만, 이미 그는 그 전 해인 성종 2년 2월 佐理三等功臣으로 등록된 적이 있었다. 공신칭호와 함께 당연히 토지를 지급받았을 가능성이 높다. 따라서 위에서 말하는 탕목을 요청했다는 기록은 바로 이와 관련된 것으로 보아야 하지 않을까? 아마도 그는 안산지역의 토지를 사패로 받으면서 이에 대한 감사의 뜻으로 양모 이씨에게 절을 올리고 또한 관음상 앞에서도 예를 표하지 않았을까 한다.[58] 물론 국왕으로부터 토지를 지급받은 것에 대한 양자로서의 도리 정도로 생각해 볼 수 있다. 그렇다면 강희맹은 상속받은 이숙번의 별업과 더불어 대단히 큰 규모의 농장을 함께 갖게 되었을 가능성도 있다.

그러나 강희맹이 이미 안산지방에 양모로부터 상속받은 별업을 갖고 있었던 사실을 감안하면, 그 자신의 공신록과 관련하여 기왕의 토지에 사패를 재지급 받았을 가능성도 생각해 볼 수 있다.[59] 이렇게 본다면

<hr />

57) "白水稻田平漠漠 疎籬菓圃乳茸茸", 「蓮城村舍偶吟二首」, 『私淑齋集』, 332쪽 ; "課奴斸地種佳蔬", 「村居偶吟三首」, 『私淑齋集』, 333쪽.
58) 강희맹의 양모 이씨는 아마도 불교에 심취해 있었던 듯하다. 강희맹 자신은 유가적 입장에 있었을 터이지만 양모와 관련하여 불상을 세우게 했을 것이다.

강희맹이 양모의 묘소 앞에 불상을 세워 예를 갖춘 사실을 자연스럽게 이해할 수 있게 된다.

'직곶'이라는 명칭에서도 알 수 있는 바와 같이 이곳은 원래 바다에 연해 있는 작은 반도 형태로 되어 있었다. 현재 이 지역은 경기도 시흥시 하상동에 속하며, 강희맹의 사당을 중심으로 진주강씨의 여러 묘소가 있고 그 중에는 강순덕과 양모 이씨의 묘소도 함께 있다. 나지막한 언덕이 연이어 있는 이곳은 강씨 문중의 묘소를 가운데 두고 양쪽으로 안동김씨와 안동권씨 집안의 토지로 삼분되어 있다. 특히 직곶의 끝에 해당하는 지역에는 官谷池라는 작은 연못[60]이 있는데 이곳도 원래는 강희맹의 농장 중 일부가 아니었나 생각되며 지금은 권씨 집안에서 관리하고 있다.

5) 장단 및 연천 지역의 경우

이상에서 언급한 강희맹의 농장은 문헌에 언급되고 실제로 확인한 것이다. 그러나 문헌상 드러나지 않은 경우도 예상할 수가 있다. 또한 농장으로서의 세 조건을 갖추지 못하였을 가능성도 생각된다. 예컨대 현재 종중 재산으로 남아 있는 長湍, 漣川 지역의 경우가 바로 그것이다. 다만 장단 지역은 미수복지라 제대로 파악되지 못하고 있으나, 연천

---

59) 『朝鮮王朝實錄』에는 강희맹이 토지를 받았다는 기록은 보이지 않는다. 그러나 공신전과 관련하여 같은 등급의 공신이면서도 그에 관한 기록만 누락되었다. 再支給 받았다면 구태여 토지를 주었다는 말을 할 필요가 없었을 것이다.

60) 이 연못은 강희맹이 중국에서 연꽃씨를 들여와 심은 것으로 알려져 있다. 이에 '蓮城'이라는 명칭도 나오게 된 것이다.

지역의 경우 현재 종중 재산으로 보유하고 있는 토지규모로 보아 다른
어떤 농장보다도 컸던 것이 아닌가 생각된다.[61] 그렇지만 후술하는
바와 같이 이들 지역은 후사문제와 관련하여 강희맹이 실질적으로 관할
할 여건이 되지 못하였으며, 문제가 정리된 이후의 실질적인 관리는
그의 아들인 귀손이 하지 않았나 생각된다.

4. 농장의 경영과 상속관계

대체적으로 농장이라고 하면 대토지지배를 연상하게 된다. 그러나
이 당시 농장의 규모는 다양한 편차를 보인다. 이는 농장의 성격과도
무관하지 않다. 더불어 선초 농장에 관한 사례 연구에서 가장 어려운
점은 경영에 관한 분석이 쉽지 않다는 점이다. 강희맹의 농장의 경우에도
역시 문권이 남아 있지 않고 분재기에 관한 기록도 보존되어 있지 않다.
따라서 여기서는 문헌을 통해 확인되는 한도 내에서의 경영 형태에
관한 분석 그리고 농장의 관리, 보존에 관한 내용을 정리하는 선에서
그치기로 한다.

우선, 금양별업에서의 농사는 사실상 강희맹에 의해 본격화되었다.[62]

---

61) 종중에서는 전자의 경우는 통정공 이래로 내려온 것으로 보고 있고,
   후자의 경우는 국왕의 인척이라는 점과 관련하여 대민공에게 지급된
   사패지로 보고 있다. 이는 같은 곳에 있는 통정공 강회백의 묘소가
   역장의 형태를 취하고 있는 점과 관련하여 생각해 볼 필요가 있다.
   그러나 통정공은 여말 推忠協輔功臣으로 등재된 바도 있어서 단정짓기
   어려운 측면이 있다.
62) 농장을 처음 연 靖肅公은 '不事産業'하였다고 하였으며 강희맹이 나이
   40에 이르러 장차 衿陽廢業을 수리할 생각을 갖고 있다고 말한 사실이

경지면적은 백 무를 넘지 않는 정도로서 당시 소농의 일반적 토지소유 규모에 지나지 않았다.[63] 남는 것이 별로 없다는 말은 소농으로서 재생산이 가능한 최소한도의 영농 규모였음을 뜻한다. 이 무렵 강희맹은 황관야복 차림으로 직접 농사일에 나선 것으로 되어 있다.[64] 그러나 그렇다고 혼자서 농사일을 전부 해냈다는 뜻은 아닐 것이다. 예컨대 다음의 설명을 보기로 하자.

> 그러나 비용을 많이 들여서 사람을 고용하여 농사를 짓는 사람(傭耕者)은 반드시 (고용된) 사람에게 (밥을) 먹일 수 있는 그릇 5개를 갖춘 뒤에라야 하며 그렇지 않으면 병을 일으키고 일을 하지 않는다. (중략) 모름지기 5그릇으로는 부족하여 마치 초겨울에 다 먹은 빈그릇이나 썩은 생선에 가을파리와 같다.[65]

위의 '용경자'에 관한 그토록 생생한 표현을 보면, 실제로 이들을 이용하지 않았나 생각된다. 용경자는 일정한 노동조건을 요구하는 것으로 보아 몰락한 양인 농민으로 추측된다. 그러나 이들을 이용하는 경우에는 경영비용이 높아져 별도의 자금이 필요하였을 것이지만 傭耕은 自耕

있기 때문이다.

63) 강희맹은 토지면적을 '畝'로 표시하였는데, 공법실시 전후 1결의 면적은 25.4~230.4畝와 38.0~152.0畝가 된다. 당시 소농의 토지규모는 대략 1~2결 정도로 알려져 있다.(이재룡, 1999, 『조선전기경제구조연구』, 157, 241쪽 참조)

64) 실제로 그는 이월 중순이 되기도 전에 땅이 풀리자 바로 농장의 논에 물을 대고 씨앗을 뿌렸다는 기록도 보인다.(「農談二」, 『衿陽雜錄』)

65) 「農談二」, 『衿陽雜錄』.

의 범주 내에서 이루어지는 일로 파악할 수 있다.

이처럼 강희맹은 직접 농사일을 하면서 금양별업의 전체적 운영을 주도하였다. 말하자면 직접 농사에 참가함으로써 단순한 농업기술이 아니라 노동의 효율성이라든지 소농으로서의 자립을 위해 필요한 제반 사항을 검토하였을 것이다.[66]

그러나 고양, 함양 그리고 안산별업의 경우에는 금양별업과는 다른 방식으로 농장을 관리하였다. 먼저 고양별업의 경우에는 '맹광'이라는 사람이 주목된다. 한편으로는 강희맹으로부터 지시를 받으면서도, 농장 내에서 일하는 사람들에게는 명령을 내릴 수 있는 위치에 있는 사람이었다. '君'이라는 표현에서도 느껴지는 바와 같이, 강씨 집안의 손아래 사람이었을 것이다. 그렇다면 執事로서 아마도 莊舍를 포함하여 농장 전반의 일을 관리하였을 것으로 생각된다.

그리고 맹광의 밑에는 벼농사를 위시하여 토지경작을 담당하는 사람과 경우에 따라서는 울타리를 치고 물웅덩이의 물고기를 잡는다든가 혹은 밥을 해서 음식을 차려 온다든가 하는 일 따위를 맡아 하는 사람들도 있었을 것이다. '술빚어 오라 재촉하니 화급히 술상이 올라오네'라는 표현에서 느껴지는 바와 같이, 이들은 대체로 노비신분이 아니었을까 한다. 또한 개울가 여자들 혹은 아이들도 이러한 농장의 구성원들과 관련이 있지 않나 생각된다.

함양촌사 및 안산촌사의 경우에도 역시 노비노동이 중요한 부분을 차지하였을 것으로 생각된다.[67] 후자의 경우에는 특히 '家老 김귀남'이라

---

66) 박경안, 1999, 앞의 글 참조.

67) 각주 76) 참조.

고 하는 사람이 있었다. 앞서의 맹광에 비견된다. '가로'의 사전적 정의에 의하면 '가신의 우두머리'라는 뜻이다. 그 외에 농장 노동력으로서 땅을 일구고 채소 종자를 심는 '課奴'의 존재도 보인다.

> 과노가 땅을 파고 좋은 채소씨앗을 뿌리니 한 해의 부엌 반찬이 풍족하겠구나.[68]

'과노'의 의미를 '역할이 부과된 奴'로 본다면 농경노비 정도로 파악된다. 그 명칭으로 보아 역할이 다른 여러 노비가 있어서 농사일을 비롯한 각각의 일을 분담하였을 듯하다. 따라서 김귀남의 역할은 토지경작을 비롯한 여러 업무를 관리 감독하면서 강희맹의 지시에 따라 농장 전반의 일을 수행하지 않았을까 한다.

농장의 생산물은 현지에서 소비될 수도 있겠으나 그 규모에 따라서는 운반 및 보관이 중요할 수 있다. 그러나 이에 관해서는 자료가 남아 있지 않다. 다만 안산촌사의 경우에는 '직곶'이라는 지형으로 볼 때에 바다를 통한 운송로를 생각해 볼 수 있겠다. 그런데 이 점에 관해서는 오히려 강귀손과 관련지어 생각해 보는 것이 나을 듯하다. 예를 들면 노비문제로 인하여 조정에서 문제화된 적[69]이 있고, 그 자신의 집도 양화나루와 가까운 지역에 있었을 것[70]으로 본다면 연천 지역의 농장과

---

68) "課奴鬮地種佳蔬 一歲廚飧尙有餘"(「村居偶吟三首」, 『私淑齋集』, 333쪽)
69) 『성종실록』 10년 6월 22일 정미 및 같은 해 7월 3일 정사조.
70) 강희맹은 말년에 아들 귀손의 집에서 지낸 것으로 보인다. 이와 관련하여 다음의 시가 있다. "아이들이 南溪 넘친다고 달려와 알리더니 가냘픈 물고기 잡아서 방금 소반에 가득하네. (중략) 朝參에 게을리 나가고

수운의 연관성을 추측해 볼 수 있다.

한편 농장은 궁극적으로 당대는 물론 자손에게까지 길이 보존되는 것을 이상으로 삼았다. 이와 관련하여 귀손은 당나라 李衛公[71]의 平泉 十里莊의 예를 들어 재산 상속의 어려움을 말하고 있다.

옛날 당나라 이위공이 평천의 십리장(농장)을 자손에게 넘겨주며 훈계하여 가로되 감히 꽃 한 송이, 돌 하나라도 다른 사람에게 주는 자는 내 자손이 아니라고까지 하였습니다. 대저 사람이 농장과 장사를 자손에게 넘겨주려고 생각하는 사람으로서 어찌 대대로 지켜 영원하기를 바라지 않겠습니까? 그러나 先代의 사업을 이어 다른 사람의 것으로 하지 않고 그대로 갖고 있는 사람은 드문 것입니다.[72]

재산을 자손에게 넘겨주어야 한다는 생각은 단지 농장에 한정된 것은 아니고 토지의 소유 및 상속에 관한 당대인들의 가치관을 반영하는 것이다. 중세적 질서하에서 신분과 계급은 자연히 세습적 성격을 띠는 것이지만, 현실적 제조건에 의하여 부의 분할은 일반화되어 있었던 것으로 보인다. 금양별업은 증여를 통해서 확보된 재산이었으나 결국은 훗날 안씨집안으로 되돌려졌다.[73] 또한 안산촌사의 경우에 전체 농장은

야외의 정취를 찾아서 성 남쪽의 풍월을 내 사물로 붙이네. (중략) 문 앞에 거마의 왕래 끊어졌는데 (중략) 楊花渡의 강물 하늘에 닿아 흐르면서 건곤을 뒤흔들어 그 형세 위로 뜨려 하네."(「寅龜孫第有作七首」, 『私淑齋集』, 415쪽)

71) 李衛公 靖. 唐代의 인물. 兵法에 관해 太宗과 논한 '李衛公問對'가 남아 있다.

72) 「跋文」, 『衿陽雜錄』.

분할되어 주로 딸들에게 상속된 듯하다.[74] 이러한 예는 전통적인 분할상속의 관행이 취해진 결과로 볼 수 있다.

그런데 함양촌사의 경우에는 그 소유관계가 간단치 않았다. 강희맹은 삼촌인 강순덕에게 양자로 갔기 때문에 농장의 상속문제가 복잡할 수밖에 없었다. 이 시기는 사대부사회를 중심으로 가부장적 질서의식이 강조되고 있었으며 이에 따라 宗法制度를 중시하는 방향으로 상속문제가 처리되어 가고 있었기 때문이다.

함양과 안산촌사는 원래 이숙번의 농장이었다. 그러나 공신사패를 통해 토지를 재지급 받았을 것으로 짐작되는 안산촌사의 경우와는 달리 함양촌사의 경우에는 어려운 절차가 필요했다. 이와 관련하여 아래의 실록의 기록을 참고하자.

앞서 이숙번의 처 정씨가 上言하기를, "신의 夫妻는 노비·전지·家舍·재산을 함께 서명하여 문권을 작성하였고, 맏사위인 전 현감 姜順德에게 나누어 주었습니다. 남편과 딸이 모두 죽고 난 뒤에 내가 전의 文案을 고치고자 하여 강순덕으로 하여금 가져오라 하였으나, 강순덕이 이에 따르지 않음으로써 모자의 의리를 어기었습니다. 또 그 조카 강희맹을 수양하여 後嗣로 삼았다고 칭탁하고, 노비를 마음대로 여러

---

73) 『鄕土文化誌』(서울特別市 衿川區), 439쪽. 현재 이곳에는 안씨 사당이 자리잡고 있다.

74) 『晉山世稿』 기록에 의하면 肅憲公 龜孫이 누이에게 상속된 재산의 일부(舊宅)는 다시 사들인 것으로 되어 있다.(「安山別業重修記」, 『晉山世稿』, 374쪽 참조) 따라서 이를 포함하여 현재 강희맹의 사당이 있는 묘소 지역을 중심으로 좌측은 강희맹의 3녀인 金誠童의 후손이, 우측은 2녀인 權曼衡의 후손이 소유하고 있다.

조카에게 나누어 주면서, 나의 자손에게는 1구도 주지 않았으니, 이것은
모두 남편의 원하던 바가 아닙니다."75)

위의 내용은 단종 즉위년에 이숙번의 처 정씨가 재산을 사위에게
주도록 한 남편의 유서를 고치는 일을 상언한 기록이다. 조정대신의
의논 끝에 정씨의 노비와 가재를 모두 정씨의 처분에 따르며, 이숙번의
노비와 농사는 정씨가 생전에는 가지고 있다가 죽고 난 뒤에는 이숙번의
문건에 의하여 물려주도록 하고 강순덕은 綱常의 죄로 사헌부로 하여금
推劾하게 하였다.76) 위의 결과를 주목하자면 결국 강희맹은 정씨소유의
노비는 되돌려 주어야 했을 것이며 이숙번의 농장과 노비의 경우도
정씨가 생존해 있는 한 소유권을 행사할 수가 없었을 것이다.

친척의 아들을 특별히 양자로 삼는 현상은 과거에 없던 것으로서
종법의식의 소산이었다. 그러나 이숙번의 처 정씨에 의하면, 비록 강희맹
이 강순덕의 양자라고는 해도 딸이 이미 죽은 이상 남이라는 생각을
갖고 있었다. 이처럼 이 시기는 전통적인 상속관념이 상존하는 가운데
새로이 종법적 질서가 개입됨으로써 과도기적 혼란상을 보여주고 있었
다. 그리하여 성종 7년에 이르러 조정에서는 강희맹의 후사문제를 둘러싸
고 논쟁이 벌어진 결과 다음과 같은 판결이 내려지게 되었다.

禮曹에 전지하기를, "무릇 立後하는 자는 同宗의 支子로 삼도록 하는
것은 長子로 하여금 本宗의 제사를 받들게 하려 하기 때문이다. 강석덕

은 단지 아들이 강희안·강희맹 두 사람만 있고, 그 아우 강순덕은
후사가 없었기 때문에 강희맹으로 후사를 삼았으니, 禮에 있어서는
마땅하다. 그러나 강희안은 아들이 없이 죽었으니, 강희맹으로서는
그를 낳아준 어버이를 버리고 叔父를 承祀할 수가 없다. 강희맹으로
하여금 강석덕을 승사하게 하되, 이후부터는 모두 이것에 의거하여
영구히 恒式을 삼도록 하라.”하였다.[77]

이처럼 국가는 강희맹으로 하여금 강순덕의 입후를 파하고 본종으로
돌아가 강석덕을 승사하게 하고 이를 항식으로 삼도록 하였다. 따라서
강희맹은 강순덕과 관련된 상속문제는 소멸된 것으로 보아야 할 듯하다.
당연히 함양촌사는 강희맹의 손에서 벗어나게 되었을 것이지만, 고양별
업을 위시하여 장단, 연천 지역의 토지는 강희맹에게로 돌아갔을 것으로
생각된다.[78]
  국가가 개인의 상속문제에까지 민감한 반응을 보인 것은 바로 가부장
제적 질서하의 종법문제와 관련된 사항이었기 때문이었을 것이다. 주자
학적 질서가 이미 사대부사회 내에 깊숙이 자리 잡아가는 가운데 이러한
문제가 불거져 나왔던 것이다.

---

77)『성종실록』7년 6월 2일 계유조.
78) 결국 함양촌사를 제외한 여러 농장이 남게 되었으나, 상속과정에서
    분할이 이루어진 결과 안산촌사의 경우에는 주로 딸들에게 소유권이
    돌아간 것이 아닌가 생각된다. 대신에 연천의 넓은 땅은 아들 귀손에게
    상속된 것으로 추정된다. 따라서 금양별업은 규모도 작을 뿐만 아니라
    관리상의 문제점도 있었을 것이다. 이 점은 금양별업을 안씨 문중에
    되돌려 준 일, 강희맹의 아들인 강귀손의 후손이 연천 지역에 세거해
    왔던 사실 등을 이해하는 데에 도움을 준다.

5. 맺음말

지금까지 강희맹의 여러 농장과 관련하여 몇 가지 점을 살펴보았다. 이를 정리하면 다음과 같다.

문헌상으로 볼 때에 강희맹의 농장은 금양별업, 고양별업, 함양촌사 및 안산촌사가 있었다. 그러나 상속관계 및 종중재산을 통해 보건대 이 밖에도 장단이라든가 연천 등지에도 있었을 것으로 추정되었다. 당초 가업이라 할 만한 것은 고양별업 혹은 장단과 연천 정도로 생각되며 나머지는 증여, 상속 혹은 사패를 통해 획득된 것이었다. 규모로 볼 때에 금양별업의 경지는 1경에 못 미쳤으며 고양별업도 그렇게 크다고 할 수는 없었다. 다만 함양, 안산이라든가 특히 연천 지역의 경우는 상당한 규모였을 것으로 추정되었다.

〈표 2〉 농장관련 종중 토지내역

지역	용도	면적(평)	비고
경기도 시흥시 下上洞 주변	임야 전, 답	10,000 10,682	강씨가 묘소 및 강희맹 사당 매각(1993년)
경기도 장단군 大江面 羅浮里	전, 답, 임야	10,000(추정)	미수복 지역 (강씨 사당터)
경기도 연천군 旺澄面 江內里	전, 답 임야	31,545 391,863	민통선 지역 (강회백, 강석덕 사당터)

농장의 영역에는 대체로 농경지가 중요하였을 것이지만 대부분의 경우 배타적 형태의 산림이나 천택을 포함하고 있었다. 또한 단순히 토지만 있는 것으로는 '별업', '촌사'와 같은 農莊의 명칭을 부르지 않았으며, 그 외에 장사 그리고 관리인을 포함하여 농장노동력 등 세 가지

구성요소를 갖추어야 되는 것으로 생각되었다. 따라서 농장은 본가와 구별되는, 자급자족의 기능을 갖는 생활공간으로서의 의미를 갖고 있었다.

농장의 경영은 금양별업의 경우처럼 직접 경작하기도 하였으나 대개는 맹광(군), 가로 김귀남과 같은 친척 혹은 舍人을 통해 관리하였다. 농장의 경작은 땅을 갈고 씨를 뿌리는 '과노'의 존재를 통해서 알 수 있는 바와 같이 주로 노비제 경작에 의존하였을 것으로 생각되고 때로는 용경도 이루어졌을 것으로 추측되지만 그 밖의 생산관계에 관해서는 확인할 수가 없었다. 그러나 이러한 사실들이 소작제라든가 혹은 작개제 따위의 존재를 부정하는 것은 아니다.

이 시기 사대부 사회내에서는 농장의 획득 못지않게 보존 문제가 중요하였으나 상속, 증여 등 여러 요인으로 농장의 분할이 이루어지고 있었다. 그런데 강희맹의 경우에는 양자로서의 위치로 인하여 상속이 여의치 않아 상당기간 유보되기도 하였다. 말하자면 전통적인 三邊 중시의 상속관행의 영향력이 지속적으로 미치면서도 점차 종법사상이 강조되는 등 적장자 상속과의 과도기적 혼란상이 야기되고 있었다.

요컨대 강희맹의 별업들은 15세기 여러 유형의 농장 가운데 일부분이었다. 이 시기는 아직 수조권 분급제가 제 기능을 발휘하던 시기였으나 점차 소멸되어가는 과정이기도 하였다. 따라서 훈구파를 비롯한 양반 사대부층 내부에서는 바야흐로 소유권에 토대를 둔 농장의 확대가 모색되던 단계였다고 하겠다. 예컨대 농장의 보존에 대한 높은 관심과 함께 합리적 농업경영을 모색한다든지 하는 등의 움직임은 바로 그러한 분위기를 말해주는 것이 아닌가 한다.

【 농장관련 강희맹의 연대기 】

1415년(태종 15)	이숙번 상속 문권 작성
1424년(세종 6)	강희맹 태어나다.
1434년(세종 16)	이숙번, 함양에 귀양감
1440년(세종 22)	이숙번 죽다.
1441년(세종 23)	강순덕과 이숙번의 딸 이씨는 강희맹을 후사로 삼고 노비, 전지 등을 물려주다.
1444년(세종 26)	함양별업 기숙(21세)
1451년(문종 원)	영릉소상제 문제로 파직
1452년(단종 즉위)	이숙번의 처 정씨 상소
1455년(세조 원)	원종공신 2등에 등재
1459년(세조 5)	강석덕 죽다.
1468년(예종 즉위)	안산에서 가로 김귀남으로 하여금 관음대사상을 세우다.
1469년(예종 원)	양모 정경부인이씨 제문을 쓰다.
1459년(세조 5)	장인으로부터 금양별업 수득
1462년(세조 8)	萬休亭記를 쓰다.
1464년(세조 10)	강희안 죽다
1467년(세조 13)	북정군사 문제로 다시 파직 고양별업을 수리하다.
1470년(성종 원)	병으로 면직 허락받고 封君
1471년(성종 2)	좌리공신 3등에 등재
1472년(성종 3)	탕목을 청하고 묘앞에서 배례하고 대사상 앞에서 예를 갖추다.
1473년(성종 4)	강희안의 옛 전원을 찾다.
1474년(성종 5)	여름에 양친복(정씨 사망)

	겨울에 가족을 거느리고 남쪽(함양별업)에 내려오다.
1475년(성종 6)	금양에 퇴거
1476년(성종 7)	금양·안산별업 왕래, 강석덕 후사결정
1479년(성종 10)	아들의 公賤 役事 문제로 국문 요구되다.
1483년(성종 14)	강희맹 죽다.

제3장 河崙의 高陽浦, 梁誠之의 大浦谷

1. 머리말

김포관내의 사우동에는 '농장마을'이 있다. 과거 일본인 內山松平이 鴻島坪을 개간하여 경영하던 農場에서 비롯된 것[1])으로서 지금도 옛 건물터가 그대로 남아 있다. 만약 건물에서 앞을 바라보았다면 드넓은 홍도평과 저 멀리 한강이 그대로 펼쳐졌을 것이다.

당시 일제는 조선을 제국주의 세력 확장을 위한 발판으로 삼고 있었으며 그 중에서도 식량공급기지로서의 역할은 대단히 중요하였다. 이른바 근대적 토지소유 관행의 확립이라는 명목으로 진행된 토지조사사업은 이를 계기로 막대한 양의 토지를 일본인 소유로 만들었으며 이는 대부분 농장형태로 운영되었다.

그런데 우리나라 전근대사회에서도 농장이 있었다. 대체로 대토지지배를 의미하는 농장은 그 유래가 오랜 것으로서 시대적 상황에 따라 변형된 모습을 보여준다. 이를테면 신라말 고려초에는 '田莊'의 형태로

---

1) 金浦郡誌編纂委員會, 1992, 『金浦郡誌』 10篇 地名, 1692쪽.

운영되었고, 고려말에 이르러서는 '農莊'으로 불리어졌다. 전제개혁의 도화선이 된 것도 바로 이 가운데 이른바 권력형 농장에서 기인하였다. 그만큼 사회경제적 모순이 내재되어 있었던 것이다.

본격적인 농장의 모습이 출현한 것은 이러한 모순을 일단 역성혁명의 일환으로 추진된 전제개혁을 통해 수습한 뒤의 일이라고 할 수 있다. 우리가 보고자 하는 농장은 바로 이 무렵 등장한 농장을 말한다.

2. 농장의 형성과 특징

오늘날 토지소유는 로마법에서 유래된 것으로서 자본주의적 소유관념이 중심이 되어있다. 대공황 이후 일정하게 국가적 영향력이 작용하고 있지만 기본적으로는 배타적 토지소유가 전제되어 있다. 그러나 과거 전통사회의 토지소유관계는 신분과 계급에 따라서 차별적으로 적용되었다. 더군다나 동아시아 사회에서는 왕토사상이라는 것이 있어서 국가적 영향력이 일정하게 작용하였다. 그래서 흔히 당시의 토지소유를 '私的 土地所有'라는 표현을 쓴다.

그런데 여말 선초에 이르러 그러한 관행에 변화가 나타나기 시작하였다. 이를테면 과거 토지세를 收租權의 형식으로 관리하던 국가의 통제력이 약화되어갔던 것이다. 이는 과전법제도의 소멸로 이어졌다. 따라서 전반적으로 토지의 所有權이 강화되는 방향으로 전환되고 있었다. 이 무렵 농장의 발전은 이러한 토지지배관계의 변화에 기인하는 것이었으며 개간에 의한 농장이 증가한 것도 이러한 배경과 관련이 있다. 한편 이를 부채질한 것이 잦은 정치적 정변으로 인한 賜田(賜牌田) 지급이었다.

'왕자의 난'이니 세조의 '단종폐위사건'이니 하는 여러 계기가 발생할 때마다 공신이 생겨났고 이들에게 永代相續이 보장된 사전이 대량으로 지급되었던 것이다.

이 무렵의 농장은 대개 중국 唐代의 농장을 모방한 것으로 알려지고 있다.[2] '別業', '別墅', '田墅', '鄕墅' 따위의 명칭이라든가 특히 기능상으로 볼 때 그러한 측면이 있다. 周藤吉之는 농장을 문화적, 경제적 기능으로 나누어 설명하였다. 전자의 경우에는 別莊, 祠堂, 書堂, 佛寺의 기능으로 후자는 內需司, 寺院, 貴族 농장의 長利 기능을 들고 있다.[3] 반면 농장의 운영에 관해서는 이론이 많다. 소작제로 보는가 하면 노비제로 보기도 하고 이 둘 다 보는 경우도 있다.

3. 김포지역 농장사료 검토

오늘날 김포지역은 정확한 비교는 어렵지만 대략 선초의 金浦縣과 通津縣 지역으로 볼 수 있을 듯하다. 『世宗實錄地理誌』, 金浦縣 및 通津縣 條項에 의하면 땅이 기름지고 메마른 것이 반반 되며, 기후는 바다가 가까워서 일찍 따뜻해진다고 하였다. 漢江과 祖江을 끼고 있는 넓은 들과 더불어 편리한 水運은 농장발달의 조건을 갖추었다고 하겠다.[4]

---

2) 周藤吉之, 1934, 「麗末鮮初に於ける農莊に就いて」, 『靑丘學叢』 17.

3) 周藤吉之, 위의 글 참조.

4) 그러나 간만의 차이와 한강의 범람 등 악재가 없는 것은 아니다. 대략 오늘날의 지형이 갖추어진 것은 여러 차례의 개간사업이 이루어진 이후 의 일로 추측된다. 이를테면 본 글에서 인용되는 사료 중에 하륜의 농장이 이에 속한다.

따라서 김포지역에는 많은 농장이 있었을 것으로 생각된다. 대략 실록을 중심으로 문집류를 통해 확인된 곳을 정리하면 다음과 같다.

〈표 1〉 선초 김포지역의 농장

인물	시기	지역	출처	비고
李伯剛	태종	童城(通津)	實錄	太宗의 사위
趙禾	태종	通津	實錄	
河崙	태종	通津 高陽浦	實錄	定社功臣, 佐命功臣
金漸	세종	金浦	實錄	
趙淸老	세조	通津	實錄	
許慥	세조	通津	實錄	
任孝仁	세조	金浦	實錄	
朴從愚	문종	通津	實錄	靖難功臣
鄭悰	문종	通津	實錄	文宗의 사위
沈膺	성종	金浦	實錄	敵愾功臣
趙恢	성종	金浦	慵齋叢話	
任興	성종	陽川, 金浦 間	慵齋叢話	
梁誠之	성종	通津	訥齋集, 實錄	佐理功臣

농장관련 인물들을 보면 우선 눈에 띄는 것은 공신들이 많다는 점이다. 이 시기 농장은 이처럼 권력과 불가분의 관계에 있었다. 위의 농장관련 사료 중에서 의미있는 몇 개를 골라 분석해 보기로 하자.

1) 河崙(1347~1416)의 농장

河崙은 선초의 대표적인 인물이다. 최영의 요동공격을 반대하다가 양주로 귀양을 가기도 했으며 두 차례 왕자의 난에서는 이방원을 도와 定社功臣과 佐命功臣이 되었다. 그는 비옥한 통진의 高陽浦 땅을 개간하여 농토로 활용할 계획을 세우고 개인적으로 백성(軍丁)을 동원하여

堤堰을 쌓았다. 이를테면 개간형 농장이라고 하겠다.

처음에 金訓이 경기 경력[5]이 되어서 河崙에게 告하기를, "通津 高陽浦 땅은 비옥하니, 만약 堤堰을 쌓아서 潮水를 막는다면 곡식 2백여 석은 파종할 수 있을 것입니다." 하니, 하륜이 사위 摠制 李承幹을 보내어 가서 地品을 조사하고, 드디어 이승간을 시켜 아들 都摠制 河久·사위 參議 洪涉과 예조판서 偰眉壽·典祀副令 河演·直藝文館 朴熙中 등과 더불어 連名하여 告狀하고 그 땅을 경작하고자 하니, 이은이 감사가 되고 이하가 경력이 되어서 부근 각 고을의 民丁 7백 명을 징발하여서 제방을 쌓았다.

수령으로서 혹은 따르지 않았던 자가 있었는데, 임금이 이 말을 듣고 몰래 中官을 시켜 이를 보게 하였더니, 과연 백성들에게는 아무런 이익이 없었던 까닭으로 이은과 이하의 직임을 파면하였다. 이리하여 憲府에서 이를 알고 모조리 告狀한 사람을 탄핵하니, 임금이 掌令 李有喜를 불러서 推覈하지 말라고 명하니, 이유희가 아뢰었다. "軍丁을 마음대로 調發하여 私役에 일을 시켰으니, 그 감사와 경력은 진실로 용서할 수 없습니다. 더군다나 감사와 交通하여 백성을 징발하여 사사 일을 경영한 자는 더욱 용서할 수가 없습니다." 임금이 말하였다. "너의 말은 옳다. 그러나, 본래 곡식을 심고자 하였으니 나라에 무슨 해가 되느냐? 다만 감사가 나에게 아뢰지 않았기 때문에 그 직을 이미 면하게 하였는데, 어찌 죄를 더하겠는가? 또 功臣인데 그런 일을 가지고서는 또한 논할 수 없다."

김훈이 하륜의 집에 드나들어 몰래 그 役事를 이루고 이미 또한 그 땅을 많이 점유하였고, 이은은 또한 하륜의 門客이었다. 하륜의

---

5) 관찰사를 보좌하기 위하여 중앙에서 파견되는 관원으로 經歷·都事·判官·中軍·檢律 등이 있었다.

門人 尹自堅이 하륜에게 고하기를, "高陽의 防築은 小民이 원망합니다." 하니, 하륜이 웃으면서 말하였다. "원망하는 자는 미혹하다. 만약 제방을 쌓아서 물을 막아서 비옥한 전지를 만든다면 나라에 이익이 되는데 무슨 혐의스러움이 있겠는가?"[6]

하륜이 개간한 땅이 문제가 된 것은 백성들의 인력을 동원하였기 때문이었다. 말하자면 아들과 사위가 三軍의 최고위직인 都摠制와 摠制인 점을 이용, 國役을 부담해야할 軍丁들에게 私役을 시킨 것이다. 사실 이 무렵에는 사비를 들여 개간하는 경우도 많이 있었다. 다만 하륜은 이를테면 권력의 실세였다. 無所不爲의 힘을 갖고 있었던 것이다. 국왕도 그의 덕택으로 왕이 된 마당에 쉬쉬해야 할 판이었다.

여기서 보면 하륜의 조직관리능력의 탁월성을 엿보게 한다. 사위로 하여금 地品을 조사하게 하고 또 다른 사위와 아들 그리고는 예조판서 등 평소 맺어놓았을 법한 인맥을 통해 告狀을 올린 것이다. 당연히 그것은 개간의 당위성에 관한 것이었음은 뻔한 이치다.

개간을 통해 확보한 경제적 효과는 막대한 것이었다. 200여 石落의 면적이었으므로 대략 3,000마지기 가량 된다. 하륜은 개간지를 농장으로 관리하였을 것이다. 그는 백성들의 원망을 알면서도 전체적으로 보면 국가적 이익이 된다는 말로 정당화하고 있었다. 그것은 바로 이 시기 그와 같은 훈구세력의 공권력 위주의 국가관이었다.

---

6) 『태종실록』 卷27, 태종 14년 5월 18일 (경인) 네 번째 기사.

2) 梁誠之(1415~1482)의 농장

훈구파의 대표적 인물 가운데 한 사람인 梁誠之가 출세가도에 오르게 된 것은 가문의 배경에 의한 것이 아니라 오로지 그 자신의 탁월한 재능에 힘입은 것이다. 그는 원래 재산이 많지 않았다. 일찍 부모를 잃고 부모와 함께 살지 못한 것을 원통하게 여기어 네 아들과 가까운 곳에 살고자 하였는데 그 땅이 바로 通津의 大浦谷이다.

양성지의 제자인 徐居正(1420~1488)에 의하면, 그는 벼슬길에 나아가기 이전에는 "바늘 하나 꽂을 만한 땅도 없었다"고 할 정도로 경제적 기반이 빈약하였으나, "만년에 이르러 통진에 數百 頃의 농장을 개설하고 일년에 千百斛[7]의 稅收를 거두는 대지주가 되었다."고 전한다.[8] 농장이 있던 대포곡은 지금의 大浦書院이 있는 양촌면 대포리 산 32-3 일대가 아닐까 추측된다.[9]

공조판서로 있던 양성지는 성종 10년(1479) 부정축재 의혹으로 탄핵을 받았다. 이후 결국 도성을 떠나 통진으로 물러나게 된 것이다. 이에 서거정은 그에게 시를 지어주며 위로하였고, 또 대포곡 별서의 八景에도 시를 지어 주었다. 이는 북쪽 언덕의 푸른 소나무(北岡靑松), 서해의 여러 섬들(南海諸島), 동쪽으로 바라보이는 삼각산 봉우리(東望三蓬), 서쪽으로 마니산이 높이 솟아있는 강화도(西拱江都), 사람을 수심 깊게

---

7) 1斛은 10말을 가리킨다. 전체 수확량으로 보면 대략 앞서의 河崙의 농장과 규모가 비슷하다.

8) 徐居正 纂,「通津大浦谷別墅落成記」,『訥齋集』卷6.

9) 梁誠之의 서울집은 창덕궁으로 향하는 대궐 근처에 있었다. 현재 그가 예전에 살던 을지로 3가 지하철역 주변에는 집터임을 알리는 표지석이 세워져 있다.

하는 가을 달빛 아래의 계양산(桂陽山), 가을걷이가 끝난 후 농어와
게를 잡느라 밝혀놓은 횃불(隔岸漁火), 새벽 종소리 들려오는 갈현의
산사(葛峴僧舍), 남쪽 한강에 늘어선 조운선(南浦漕船) 등을 운치있게
표현한 것이다.[10]

특히 서거정이 읊은 南浦漕船의 노래는 당시 漕運과 통하는 교통로로
서의 祖江의 모습을 잘 보여준다. 이처럼 조운과 연결된 수운의 역할은
당시 조선의 경제를 지탱하던 동맥을 의미하였으며 동시에 이 지역
농장들의 부가가치를 높여주는 활력소가 되기도 하였던 것이다.

> 배가 삼대모양 빽빽하게 늘어섰는데
> 남쪽에서 걷는 세금 작년보다 많도다.
> 좋구려, 푸른 산은 실어갈 수 없기에
> 해마다 늘 시골사람의 몫이라네.[11]

한편 양성지의 농장이 어떻게 운영되었지에 관해서는 정확히 알 수가
없다. 다만 오늘날 남아있는 그의 글은 대략적이나마 당시 노비를 동원했
을 법한 농장경영의 면모를 추측할 수 있게 해준다.

> 대저 大家世族이 대가세족으로 되는 것은 그들이 노비를 가졌기
> 때문이다. 이로써 內外, 上下의 分을 갖게 되고, 예의와 염치를 기르게
> 되며, 氣力이 이루어지고 명망이 드러나게 된다. 우리나라의 노비법은
> 그 유래가 오래되었는데, 사대부가 이것에 의지하여 살아가는 것이다.

---

10) 이종묵, 2006, 『조선의 문화공간』 1, 휴머니스트, 138쪽.

11) 徐居正, 「通津梁誠之大浦谷別墅八詠」, 『四佳集』.

(중략) 대저 田地는 사람의 路脈이며, 노비는 士의 수족으로서 경중이
서로 같아서 어느 쪽에 치우칠 수 없는 것이다.[12]

3) 趙禾의 농장

　다음은 領敦寧으로 벼슬을 마친 李枝의 아내 김씨에 관한 이야기이다.
김씨는 본래 趙禾의 부인이었으나 아마도 禾가 죽자 왕실인 이지에게
재취한 것으로 보인다.

　집의 金宗瑞 등이 상소하기를,
　"가만히 생각하건대, 사람이 범한 죄가 있으면 반드시 그 죄를 名稱해
말하고 여러 사람들과 함께 버려야만 악을 행한 사람이 두려워하게
되는 것입니다. 신 등이 요사이 돌아간 領敦寧으로 致仕한 李枝의
아내 김씨의 죄를 疏에 갖추어 신청했사오나, 소를 대궐 안에 보류시켜
두고 몰래 밖으로 내쫓았으니 이것이 비록 전하께서 악을 숨겨 주는
아름다운 뜻이오나, 그 악을 징계하는 도리에는 어찌 되겠습니까.
더구나 通津의 田墅는 원래 趙禾가 경영하던 것인데도, 김씨가 유숙하
면서 음란한 행실을 하고, 또 다른 姓에게 시집갔으므로 그가 趙氏와는
義가 끊어졌으니, 어찌 이 田墅에 거처하면서 그 이로움을 누리겠습니
까. 하물며 서울과 지극히 가까우니 더러운 사람으로서 마땅히 처할
곳이 아닌 것입니다. 삼가 바라옵건대, 전하께서 그를 畿外로 내쫓기를
명하여 악을 징계하여 부인이 지켜야 할 도리를 힘쓰게 하소서."
　하니, <임금께서> 宗瑞와 우사간 金孝貞을 불러서 말하기를,
　"김씨가 이미 宗室의 친척이 되었으니, 官爵을 거짓 일컬은 죄는

---

12) 梁誠之, 「應旨上時弊六事」, 『訥齋集』 續編, 卷1.

가할 수 없는 것이다. 음란한 행실을 방자하게 행한 범죄는 赦罪 전에 있은 일이었으나, 서울에는 살게 할 수 없으므로 밖으로 내쫓았던 것이다. 通津의 別業은 전 남편인 趙禾가 경영하던 곳이므로 역시 살 수 없으므로 江華로 옮겼으니 다시 말하지 말라." 하였다.[13]

그러나 김씨는 재취하였음에도 불구하고 여전히 전남편이 소유하던 농장에서 지내고 있었다. 조선시대 유교적 관점에서 보면 이상하지만 이 무렵까지는 아직도 남녀균분상속의 영향을 받고 있었던 것이 아닌가 생각된다. 이를테면 재산을 물려받은 것으로 볼 수 있다는 말이다. 그런데 여기서 사대부들이 문제삼고 있는 것은 점차 강화되고 있는 유교적 가치기준이라고 할 수 있다.

어쨌든 김씨는 유산상속으로 풍요로운 삶을 누리고 있었던 것이며 거기에 왕실의 후광까지 이어받는 처지가 된 것이다. 김씨는 趙禾의 농장으로부터 나오는 상당한 경제적 혜택을 누리고 있었던 것이며 바로 이 시기 농장이 갖는 특징이라고 하겠다.

4) 金漸(1369~1457)의 농장

金漸은 贓罪를 범하여 일종의 유배형을 받았는데 유배지는 다름아닌 김포에 있는 별업이었다.

(세종 3년 11월) 김점의 아들 金義孫을 불러 김익정으로 하여금 傳旨하기를, "너의 아버지는 서울 안에는 있을 수 없으니, 外方에 마음대로

---

13) 『세종실록』 卷37, 세종 9년 8월 20일 (을해) 세 번째 기사.

거주할 것이다.”라고 하였다. 이에 金漸이 나가서 金浦의 別業으로
돌아갔다. 金漸은 성품이 우둔하고 교활하여, 매양 다른 사람과 의논이
서로 합하지 않으면, 문득 팔뚝을 뽐내고 주먹을 휘둘러 그 뺨을 겨누며,
갖은 말로써 욕하니, 사람들이 그를 미워하고 두려워하여 감히 異論을
하지 못하였다. 그가 이르는 곳마다 貪暴하더니, 이때에 이르러 사람들
이 모두 통쾌하게 여겼다. 처음에 태상왕이 淑恭宮主를 내쫓을 적에,
좌의정 박은이 김익정에게 말하기를, “金漸은 비록 죄가 있지마는,
宮主는 관계가 없는데, 金漸이 만약 밖으로 나가게 되면, 궁주가 의지할
곳이 없으니, 마땅히 그를 다시 後宮으로 들어오게 해야 할 것이다.”라고
하였다. 익정이 임금에게 아뢰므로, 임금이 태상왕에게 이르니, 태상왕
이 말하기를, “이는 나로 하여금 窩主[14]로 삼고자 하는 것이다.”라고
하였다. (중략)[15]

　(단종 2년 3월 12일 갑자) 명하여 金漸의 告身을 도로 주게 하였다.
김점은 일찍이 贓罪를 범하여 金浦縣에 安置되어 있었다.[16]

　김점의 주거지는 외방에 한정되었다. 이처럼 별업은 주로 왕의 은총을
받는 인물들 가운데 유배지로 잘 활용되곤 하였다. 서민이 아닌 왕실
내지는 관인층에게는 대단히 고통스런 형벌이 될 수 있었겠다.

5) 任興의 농장

　任興은 樂院直長이었다. 특히 거문고를 잘 탔는데 농장(別業)에 오갈

---

14) 여기서는 죄인의 보호자라는 뜻임.
15) 『세종실록』 卷14, 세종 3년 11월 27일 (병술) 세 번째 기사.
16) 『단종실록』 卷10, 단종 2년 3월 13일 (갑자) 두 번째 기사.

때에는 배를 타고 한강과 祖江을 오르내리면서 풍류를 즐겼다는 것이다.

> 성종이 비로소 樂院兼官을 두었는데, 내가 伯仁·耆之와 더불어
> 僉正을 겸하고, 任興은 直長을 겸하였다. 任興은 어려서부터 음악을
> 배워서 관현에 조예가 깊고 호협하여 남자다움으로 이름을 떨쳤다.
> 그의 별장이 陽川과 金浦 사이에 있는데, 정자를 강 위에 세워, 달빛에는
> 배를 타고 위로는 한강으로부터 아래로는 祖江에까지 올라가고 혹은
> 내려올 때 노래 잘하는 기생과 여러 첩이 항상 따라 다녔다. 任興이
> 스스로 거문고를 타고 기생이 노래에 맞추어 화답하니, 보는 사람이
> 신선과 같은 사람이라 하였다. 任興이 直長을 拜함에 이르러서는 나이
> 가 이미 50이 넘었다. 사람들이 모두 오지 않을 것을 생각하였는데,
> 명령이 내린 날 곧 나와 벼슬하며 여러 해 동안 악원에 있어서 主簿로
> 승진하고, 나이가 많아 머리가 희어져도 오히려 병을 참고 나갔다.[17]

오늘날 한강은 휴전선에 가로막혀 수운의 기능은 상실되었으나 고려
시대 이래로 임진강, 한강은 수운과 더불어 풍류의 무대이기도 했다.
물결에 부서지는 아름다운 한강 주변의 경관을 배경으로 하는 여유로운
멋은 농장으로부터 흘러나오는 풍요로움이기도 하다.

6) 趙恢의 농장

趙恢에 관해서는 인적사항이 잘 알려져 있지 않다. 단지 成俔과는
放翁과 더불어 절친한 이웃친구로 알려져 있다.『慵齋叢話』에는 조회의
농장과 관련하여 농장의 위치, 교통수단 등에 관한 내용을 아래와 같이

---

17) 成俔, 1525,『慵齋叢話』卷2.

남기고 있다.

　　내가 어려서 放翁과 더불어 서로 정분이 두터워 빈 집에 寓居하면서 독서를 하였는데, 이웃 친구인 趙恢의 집과 서로 數里 정도 떨어져 있었다. (중략)
　　문앞에는 큰 말이 회나무에 매어 있었고, 작은 말이 또한 서너 마리 있을 뿐 한 사람도 없었다. 放翁이 말하기를, "주인이 손님을 따돌리기를 이같이 심하게 하니 이 말을 훔쳐가는 것만 못하다." 하므로 내가 고개를 끄덕이었다. (중략)
　　이튿날 恢가 왔는데 눈이 퀭하고 얼굴이 초췌함으로 放翁이, "자네는 어찌 편치 않은 기색이 있는가." 하고 물었더니, 恢는 말하기를, "어제 妻姑母가 金浦 鄉墅로 돌아가려 하여 말을 문 밖에 매어 두었더니, 도적이 말을 훔쳐 갔으므로 온 집안이 급박히 사람을 나누어 찾고 있으며, 나도 高陽과 交河 등지를 巡歷하였으나 지금까지 찾지를 못하여 이 때문에 근심이 쌓여 있다." 하였다. 조금 있으니 말이 창고 속에서 울므로 放翁이 웃으니 恢가 가서 본즉, 곧 그 말이므로 恢는 한편 노하고 또 기뻐하면서 꾸짖기를 마지아니하니 이때 滿堂이 웃었다.[18]

　여기서 농장은 고향의 농장이라는 의미의 鄉墅로 표현되고 있다. 조회의 집에 관해서는 그 위치가 정확히 설명되고 있지는 않지만 말을 찾으러 돌아다닌 고양, 교하 등의 범위로 보아서 한양의 서대문 밖이 아니었을까 생각된다. 그러니까 근무처인 한양과 고향 농장을 오가며 살았다는 뜻이다.[19] 여기서 조회는 말을 주요한 교통수단으로 이용하고

---

18) 成俔, 1525, 『慵齋叢話』卷2.
19) 성현의 경우에도 파주 낙하리에 집이 있었다. 한양에서 보면 거리상

있었음을 알 수 있다. 오늘날의 자동차에 비견되는 것이지만 실제로 이동거리와 주행 속도면에서는 큰 차이가 없었을 것으로 보인다. 그만큼 신속하게 이동할 수가 있었던 것이다.[20] 다만 한강을 건너려면 배를 이용해야 하는 불편함이 있었을 것이다.

한편 처고모가 농장에 돌아간다고 한 점으로 보면 그 가족들이 상주했던 것으로 생각된다. 따라서 처고모 가족이 조회를 대신하여 농장의 관리도 하였을 것으로 생각해 볼 수 있다.

4. 맺음말

농장은 구체적 경영방식에는 차이가 있을 수 있지만 결국 대토지지배(대농경영)를 말한다. 따라서 일반농민들의 소농민경영(소농경영)과는 구별된다. 국가는 소농경영을 지원함으로써 세원을 확보하고 이를 토대로 공권력을 확보하고자 하였으나 현실적으로는 어려움이 있었다. 바로 이 점은 나중 사림세력의 등장을 불러들이는 빌미가 된다. 예컨대 위에서 하륜은 직접 사람을 보내 地品을 결정하고자 하였으나 이는 원래 국가가 해야 할 일인 것이다. 그만큼 이 시기 농장은 공권력을 등지는 경향이 있었으며 백성들과 토지를 影占하는 경우가 대표적 예에 속한다. 이는 국가의 과도한 수탈을 회피하기 위해 백성들이 농장에 投托하는 것과

방향만 다를 뿐 趙恢의 경우와 비슷하다.

20) 이 시기 많은 사대부들이 충청도 내지는 전라도 지방에 토지를 갖고 있었던 점과 비교된다. 이 경우에 풍랑으로 인한 선박의 침몰 등 수확물을 한양으로 안전하게 올려보내는 운송문제가 걸려 있었다.

직접적인 관련이 있다. 결국 이러한 형태의 농장의 확대는 국가 공권력을 약화시키는 원인이 될 수 있었다.

제2부
영농경험에 의한 주체적 농학의 추구

제4장 元天錫의 營農生活과 歲時認識

제1절 弁巖에서의 은둔생활

1. 머리말

耘谷 元天錫(1330~?)은 子가 子正으로 宗簿寺令 允迪의 둘째 아들로 되어 있다.[1] 생몰연대가 정확치 않다는 사실은 그의 삶이 순탄치 않았음을 간접적으로 말해 준다. 여말선초의 격변기를 산 그는 고작 '國子進士'라는 신분상의 제약에도 불구하고 당대의 巨儒를 비롯하여 地方官, 禪師 등과 교유하였을 만큼 학식과 인덕이 두터웠으며, 圃隱, 冶隱과 함께 舊王朝에 대한 절의를 지킨 인물로 유명하다. 그는 6권의 野史와 2권의 詩를 남겼는데 그 중 후자만이 오늘날 『耘谷詩史』라는 독특한 형식으로 세상에 알려지게 되었다.

元天錫의 글은 몇 가지 측면에서 특별한 의미를 갖는데, 첫째 민간자료가 흔치않은 시기에 주로 원주라고 하는 지역사회를 근거지로 하여

---

1) 許穆, 「石逕墓所事蹟」, 『耘谷詩史』/ 『高麗名賢集』 5, 380쪽.

쓰여졌다는 점이다. 이는 역성혁명의 와중에서 벗어나 관망자적 입장에서 전환기적 상황에 대한 보다 객관적 시각을 담보로 할 수 있다는 점에서 유용성을 갖는다. 두 번째로는 『耘谷詩史』에는 1351년에서 1394년까지 737題 1,144篇의 詩가 문집에 실려 있는데 이는 麗鮮交替期의 40여 년에 걸친 사회상을 시간대별로 반영하고 있다는 점이다. 이는 당시 역사적 흐름과 그에 따른 원천석의 상황인식을 함께 파악해 볼 수 있다는 장점이 있다.

최근 원천석과 관련하여 다각적으로 연구와 검토가 이루어지고 있다.[2] 필자는 과거 비슷한 시기의 토지제도 혹은 농업문제를 다루어 본 바가 있었다.[3] 미력하나마 이 연장선상에서 당시의 경제적 상황에 대한 원천석의 현실인식을 살펴보고자 한다. 구체적으로는 原州에서의 경제생활 그리고 이와 무관하지 않게 진행되었을 여말의 경제상황에 대한 인식들을 검토하게 될 것이다.

2) 元天錫에 관한 연구로는 다음 논문이 참고된다. 池教憲, 1980,「麗末鮮初의 政治的 變革과 耘谷의 道學精神」,『淸州教育大學論文集』 17 ; 梁銀容, 1987,「元天錫의 三教一理論에 대하여」,『韓國宗教』 11·12 ; 柳柱姬, 1992,「元天錫研究-그의 現實認識을 中心으로」,『朴永錫華甲紀念韓國史學論叢』 ; 安鍾律, 1994,「耘谷 元天錫 文學研究」, 성균관대 교육대학원 석사학위논문 ; 金南基, 1996,「元天錫의 생애와 詩史 연구」,『한국한시작가연구』 2 ; 林鍾旭, 1998,『耘谷 元天錫과 그의 文學』, 太學社 ; 李仁在, 許敬震 共編, 2001,『耘谷元天錫研究論叢』, 原州文化院.
3) 朴京安, 1996,『高麗後期 土地制度研究』, 혜안 ; 同, 2000,「安牧(1290~1360)의 坡州農莊에 관한 小考」,『實學思想研究』 15·16합집 ; 同, 2002,「姜希孟(1424~1483)의 農莊에 관하여」,『역사와현실』 46.

2. 弁巖에서의 自耕

1) 草屋과 耘谷

고려시기 내내 원주원씨는 중앙에서의 활약도 끊이지 않았으나 원천석 자신의 집안은 在地官班이었다고 한다.[4] 그는 개성에서 태어났으나 어린 시절 공부할 때에는 춘천의 향교에서 보냈고, 27세 때 정월에 개성에 가서 과거시험에 합격한 이후에는 줄곧 원주에 살았다. 그가 과거를 본 이유는 士籍에 올라 士로서 대우받을 수 있기 때문이었다. 그러나 그 이상의 목적은 없었기 때문에 국자감시에 합격하여 진사가 된 후, 곧 바로 다시 原州牧으로 돌아왔다.

원천석의 집안이 在地勢力이었다는 점은 그 자신에게도 일정한 경제적 기반이 있었을 것으로 생각해 볼 수 있다. 그러나 이에 관한 구체적 자료는 알 수가 없다. 다만 그가 남긴『耘谷詩史』의 내용을 통해 유추해석해 볼 따름이다. 이러한 점에 비추어 여기서는 주로 원천석의 은둔지인 弁巖을 중심으로 생활사적 조건에 치중하여 검토해 보기로 한다. 먼저 원천석의 경제적 토대로서 생각해 볼 수 있는 것은 伊城의 남쪽에 있었다는 땅이다.

1-1)
伊城 남쪽에 자갈밭(磽田)이 있어
이 땅의 이름이 大谷員일세.
民部의 公文이 조상 적부터 오더니

---

4) 이인재, 2001,「고려말 元天錫의 생애와 사회사상」,『耘谷元天錫論叢』, 39쪽.

군사 뽑는 붉은 글씨(選軍朱筆)가 내게까지 전해졌네.
예부터 裨補라는 일컬음을 듣지 못했는데
어찌 지금에 와서 온전하길 살피는가.
바라건대 조목조목 실상을 따져서
만약 거짓말이라면 푸른 하늘이 굽어보시리.
「은혜를 청하는 俚言5) 두 수를 牧兵馬使 周 相君에게 바침」6)

여기서 언급된 伊城 남쪽의 땅은 收租地로 알려져 있다.7) 당초 元天錫
의 할아버지가 精勇 別將이 되면서 받은 것인데 그 자신도 이 토지에서
그대로 收租權을 행사하였으므로 과거에 합격하였음에도 불구하고 여전
히 選軍名單에 이름이 남아있게 된 이유라는 것이다. 그는 명단에 오르게
된 사실을 안타깝게 여겨 실상을 밝혀줄 것을 바라면서도 만약 裨補로
되어 있었더라면 이런 일이 없었을 터인데 하는 속마음을 은연중 털어놓
고 있다.

그러나 이 토지가 단순한 수조지는 아닌 듯하다. 量案上에는 大谷員
地目으로 되어 있었을 이 땅은 選軍朱筆 이전에도 이미 四標와 더불어
소유주가 적혀 있었을 것이다. 명단에 오르기 전부터 이미 집안에서
관리하여 오던 것일진대 그것은 소유주로서의 권리행사였을 것이다.8)

---

5) 俚語 : 항간에서 쓰는 속된 말.

6) 「乞恩俚言二首, 呈牧兵馬使周相君」, 『耘谷詩史』卷2/『高麗名賢集』卷5,
   316쪽 ; 『耘谷行錄』卷2, 『影印標點 韓國文集叢刊』卷6, 166쪽.

7) 이인재, 앞의 글, 47쪽.

8) 이인재도 이 점에 관해서는 "元天錫도 이 토지에서 그대로 수조권을
   행사하였다."고 하여 원래부터 소유지였음을 내비치고 있다.(이인재,
   앞의 글, 47쪽)

아쉽게도 이곳에 관한 직접적 설명은 찾을 수 없다.

경제적 토대로서 두 번째로 생각해 볼 수 있는 것은 바로 원천석의 은거지였다는 原州牧의 弁巖이란 곳이다. 도대체 이 지역은 어떤 곳이었을까? 먼저 지명과 관련된 기록을 보면 다음과 같다.

1-2)
弁巖의 산 빛은 푸르디 푸르고
치악산 구름은 희디 희구나.
「또 趙侍郞에게」9)

1-3)
弁巖의 나무꾼이 춥다고 외치면서
혼자 절구를 찧어도 가련케 여기지 않네.
「道境선사가 지은 '山居苦寒'란 시에 차운함」10)

1-4)
물을 끌어다 남쪽 언덕을 개간하고
소나무를 심어서 북쪽 봉우리를 둘러쌌지요.
「갑인(1374) 3월. 弁巖의 새 집으로 옮겼는데 형님이 오셨기에 작은 술자리를 마련했더니 형님께서 시를 지어 주셨으므로 이에 次韻하여 두 수를 지음」11)

---

9) 「又[次趙侍郞所寄詩韻]」, 『耘谷詩史』 卷2/『高麗名賢集』 卷5, 303쪽 ; 『耘谷行錄』 卷2/『影印標點 韓國文集叢刊』 卷6, 153쪽.

10) 「次道境禪翁山居苦寒詩韻」, 『耘谷詩史』 卷2/『高麗名賢集』 卷5, 313쪽 ; 『耘谷行錄』 卷2/『影印標點 韓國文集叢刊』 卷6, 163쪽.

11) 「甲寅三月 移居弁巖新居 家兄來設小酌 題詩贈之曰」, 『耘谷詩史』 卷2/『高

1-5)

　지난번 弁巖 남쪽 봉우리 아래 새로 초가집 한 간을 지었다. 지형이 가파르고 외진데다가 집 모양까지 아름답지 못하고, 앞뒤와 오가는 것이 다 마땅치 않은데다 몹시 누추하고 옹졸하였다. 그 주인은 몸가짐이 도에 어긋나고 뜻을 세운 것이 세상과 맞지 않았으며, 또 모든 처사가 세상 물정을 모른 데다 거처마저 썰렁하였으니, 그 누추하고 옹졸함이 더욱 심했다. 이 집의 누추하고 옹졸함이 주인의 누추하고 옹졸함과 들어맞았으므로, 집 이름을 陋拙齋라고 하였다. 이에 長句 여섯 수를 지어 스스로 읊어 본다.12)

1-6)

낮은 산기슭에 작은 亭子를 세우니
땅이 외져서 수양하기에 알맞네.
(중략)
산열매가 막 익어 굶주림을 잊고
바위 샘이 차가와 갈증을 달랠 수 있네.
「서쪽 기슭에 松亭 한 곳을 새로 세우다」13)

　麗名賢集』卷5, 306쪽 ; 『耘谷行錄』卷2/『影印標點 韓國文集叢刊』卷6, 156쪽.

12) "頃者於弁巖南峯之下 新作一茅齋 其地勢也危僻 締構也不巧 且向背往復俱不適宜 陋而拙者甚矣 其主人 行已也違於道 立志也違於世 又處事之迂闊 居止之淸凉 其爲陋拙 又有甚焉者矣 以其齋之陋拙 合於主人之陋拙 名之曰 陋拙齋 因成長句六首以自詠", 『耘谷詩史』卷3/『高麗名賢集』卷5, 334쪽 ; 『耘谷行錄』卷3/『影印標點 韓國文集叢刊』卷6, 185쪽.

13) 「西麓 新開松亭一所」, 『耘谷詩史』卷3/『高麗名賢集』卷5, 325쪽 ; 『耘谷行錄』卷3/『影印標點 韓國文集叢刊』卷6, 175쪽.

원천석이 은거하며 살고 있었던 변암의 집은 雉嶽山 자락 깊은 곳에 자리잡고 있었다. 변암 자체는 대략 치악산 정상 동쪽밑 해발 1,200미터 지점에 위치하고 있는 것으로 알려져 있는데,[14] 원천석의 집도 오솔길을 따로 내야할 만큼 깊숙하였으며[15] 게다가 겨울이면 몹시 추웠다.[16] 그래서 그는 남쪽 언덕을 개간하면서 북쪽 봉우리에 소나무를 심어 한파를 막고자 하였다. 그 후 남쪽 봉우리에 새로 초가집 한 채를 더 지어 陋拙齋라 하여 서재를 두었으며 따로 스스로의 수양을 위하여 亭子도 지었다.

후술하는 바와 같이 弁巖에는 세금이 부과되는 대략 3畝 정도의 밭이 있었는데[17] 당연히 이는 量案에 등록되어 있었을 것이다. 뿐만 아니라 위의 내용으로 보면 원천석은 남쪽 언덕에 開墾地도 갖고 있었다. 북풍을 막기 위해 소나무를 심었으며 개울물을 끌어들여 농사를 지었다는 점으로 보아 이는 水田이었을 것이다. 그 넓이는 대략 1畝 정도는 되었던 듯하다.[18] 따라서 실제로 그가 경작한 농토의 정확한 규모는 알 수

---

14) 弁巖은 치악산 정상 동쪽밑 해발 1200미터 지점에 위치하고 있으며 여러 사람이 들어가 피할 수 있는 공간과 석간수가 솟아나고 있다.(『耘谷 元天錫硏究論叢』, 11쪽 참조) 『근세한국오만분지일지형도』(上)에 의하면 竝岩이라고도 하였다.

15) 「甲寅三月 移居弁巖新居 家兄來設小酌 題詩贈之曰」, 『耘谷詩史』 卷2/『高麗名賢集』 卷5, 306쪽 ; 『耘谷行錄』 卷2/『影印標點 韓國文集叢刊』 卷6, 156쪽.

16) 「次道境禪翁山居苦寒詩韻」, 『耘谷詩史』 卷2/『高麗名賢集』 卷5, 313쪽 ; 『耘谷行錄』 卷2/『影印標點 韓國文集叢刊』 卷6, 163쪽.

17) 예문 2-10) 및 설명 참조.

18) 예문 2-1) 및 설명 참조.

없지만 田畓을 합쳐 최소한 4畝(대략 700평) 정도는 되었을 것이다.[19]

그렇다면 여기서 말하는 弁巖이 앞서의 伊城 남쪽의 땅과 어떤 관련성이 있지는 않을까? 이 점과 관련하여 잠깐 정리할 필요가 있다. 원천석은 그 자신이 머물던 지역을 '山城'으로 표현하고 있었다.

1-7)
山城에 몇 달 동안 비가 오지를 않아
넓은 들판에 풀도 없이 천리가 시뻘게졌네.
(중략)
옛부터 성 동쪽(城東)에 신령스런 사당이 있어
날마다 무당들 모여 복을 빌어 주네.
「괴로운 가뭄」[20]

1-8)
은빛 城과 분칠한 가퀴는 높고 낮게 이어졌고
옥 나무와 구슬 가지는 앞뒤로 벌려 섰네.
「2월 3일. 눈 내리는 것을 보고 스스로 읊음(세 수)」[21]

---

19) 이 넓이는 오늘날 700평 정도에 해당된다. 頃畝法은 중국에서 사용된 양전단위인데 『唐六典』에 의하면 '五尺爲步 二百有四十步爲畝 百畝爲頃'이라고 하였다. 布帛尺(약 31cm)을 기준으로 계산하면 一畝는 대략 576.6m^2(약 175평)가 된다.

20) 「苦旱」, 『耘谷詩史』卷2/『高麗名賢集』卷5, 308쪽 ; 『耘谷行錄』卷2/『影印標點 韓國文集叢刊』卷6, 158쪽.

21) 「二月三日 雪中自詠(三首)」, 『耘谷詩史』卷4/『高麗名賢集』卷5, 344쪽 ; 『耘谷行錄』卷4/『影印標點 韓國文集叢刊』卷6, 194쪽.

원천석이 살고 있었던 변암의 집은 山城을 중심으로 하는 지역이었다. 근처에는 넓은 들이 있었으며[22] 성의 동쪽에는 祠堂이 있어서 무당이 살고 있었다는 것이다. 또한 1-8)의 내용으로 보면 그가 살고 있었던 집도 山城 아래에 있었다. 그렇다면 伊城 남쪽의 땅이란 결국 弁巖지역을 가리키는 것이 아닌가 생각된다. 땅이름이 '大谷員'이었다는 점(此地名爲 大谷員)도 눈여겨볼 필요가 있다.[23]

元天錫의 號는 '耘谷'으로 알려져 있다.[24] 그런데 여기서 주목할 만한 사실은 아래의 모든 예에서 볼 수 있듯이 그 자신이 살고 있었던 弁巖지역 도 역시 '耘谷'이라고 표현했다는 점이다.

---

22) 정황상으로 보아 耘谷이 거처하던 지역은 오늘날 치악산의 동쪽 태종대 가 있는 곳에 해당된다. 자연지형으로 보나 태종이 다녀갔다는 구전 등으로 보아 오늘날 횡성군 강림리 일대로 비정된다.

23) 현재 치악산에는 永遠山城이 남아 있는데 혹 이를 伊城으로 부른 적이 있는지도 모르겠다. 만약 이것이 사실이라면 元天錫이 갖고 있었던 땅은 弁巖으로부터 남쪽으로 상당히 떨어져 있었다는 결론이 된다.

24) 그러나 元天錫이 자신을 '耘谷'이라고 한 사례는 보이지 않는다. 오히려 元天錫은 스스로를 '耘老', '林下一遺民' 혹은 '陋拙齋'라고 했을 뿐이다. 「耘老吟」(『耘谷詩史』卷1/『高麗名賢集』卷5, 284쪽 ;『耘谷行錄』卷1/『影 印標點 韓國文集叢刊』卷6, 134쪽) ;「前按部豐儲倉使李公寄詩云」(『耘谷 詩史』卷3/『高麗名賢集』卷5, 321쪽 ;『耘谷行錄』卷3/『影印標點 韓國文集 叢刊』卷6, 171쪽) ;「趙摠郞見和陋拙齋詩 復用前韻呈似」(『耘谷詩史』卷1/ 『高麗名賢集』卷5, 290쪽 ;『耘谷行錄』卷1/『影印標點 韓國文集叢刊』卷6, 140쪽). 朴東亮의『耘谷行錄詩史序』에서도 '適得其所爲詩耘谷集'라고 했 을 뿐이다. 그대로 해석하면 박동량이 얻어 본 책은 '耘谷을 노래한 詩集' 정도로 이해된다.

1-9)
십 년 동안 耘谷 골짜기에서
몸소 밭 갈며 子眞을25) 본받았지.
「조카 湜이 보내 온 시에 차운함」26)

1-10)
한 조각 봄빛이 耘谷으로 찾아드니
봉황산 산빛도 푸르름이 더하네.
「병인(1386) 동짓날. 느낀 바를 元 都令 보이다」27)

1-11)
자갈밭 초가집에 廣文이28) 살았건만
누추하고 옹졸함이 어찌 耘谷의 오두막 같으랴.
「지난번 弁巖 남쪽 봉우리 아래 새로 초가집 한 간을 지었다. (중략)
집 이름을 陋拙齋라고 하였다. 이에 長句 여섯 수를 지어 스스로 읊어
본다.」29)

---

25) 子眞 : 漢末의 隱士인 鄭樸의 字. 벼슬에 응하지 않고 도를 닦으면서
   谷口에 집을 지어 살았으므로, 谷口子眞이라고 일컬음. 성제(B.C.33~
   B.C.8) 때 대장군 王鳳이 예를 갖추어 그를 불렀지만, 가지 않았다.(『漢書』
   卷72)
26) 「次姪湜所寄詩韻」,『耘谷詩史』 卷1/『高麗名賢集』 卷5, 284쪽 ;『耘谷行錄』
   卷1/『影印標點 韓國文集叢刊』 卷6, 133쪽.
27) 「丙寅冬至感懷 示元都領」,『耘谷詩史』 卷3/『高麗名賢集』 卷5, 320쪽 ;『耘
   谷行錄』 卷3/『影印標點 韓國文集叢刊』 卷6, 170쪽.
28) 광문(廣文) : 당(唐) 정 건(鄭虔)의 별칭으로서 광문 선생(廣文先生)이라
   일컬음.
29) 「頃者於弁巖南峯之下 新作一茅齋 其地勢也危僻 締構也不巧 且向背往復

1-12)

耘谷의 이 사내는 우습기만 해

황당하게 시 읊기를 쉴 줄 모르네.

「杜甫의 시집을 읽고」30)

1-13)

구름이 갑자기 몰려들며 그 기세 웅혼하더니

산 동쪽에서 큰 바람이 불어왔네.

(중략)

못 들은 척 문 닫고 책을 읽으니

耘谷 늙은이 마음이 陸放翁 같구나.

「8월 초이튿날. 큰 바람이 불다」31)

1-14)

서울에서 國祿을 받는 집들 생각해보니

아홉 거리에 수레와 말들이 먼지를 일으키겠지.

芝草를 캐는 耘谷에는 나라 창고가 없으니

구름과 연기나 마주하여 호탕한 노래를 부르네.

「7일. 생각나는 대로 읊음」32)

俱不適宜 陋而拙者甚矣 其主人 行已也違於道 立志也違於世 又處事之迂闊

居止之淸涼 其爲陋拙 又有甚焉者矣 以其齋之陋拙 合於主人之陋拙 名之曰

陋拙齋 因成長句六首以自詠」,『耘谷詩史』卷3/『高麗名賢集』卷5, 334쪽 ;

『耘谷行錄』卷3/『影印標點 韓國文集叢刊』卷6, 185쪽.

30) 「讀杜集」,『耘谷詩史』卷5/『高麗名賢集』卷5, 352쪽 ;『耘谷行錄』卷5/

『影印標點 韓國文集叢刊』卷6, 202쪽.

31) 「八月初二日有大風」,『耘谷詩史』卷5/『高麗名賢集』卷5, 354쪽 ;『耘谷行

錄』卷5/『影印標點 韓國文集叢刊』卷6, 204쪽.

1-15)
만고의 연기와 아지랑이 낀 耘谷 속에서
아름다운 철을 또 만나 눈썹을 다시 폈네.
「가을 회포」33)

1-16)
눈빛이 달빛에 맑게 비쳐서
山城과 江村이 不夜城을 이루니,
(중략)
剡溪에서 배 띄우면 흥겹다고 들었는데
耘谷에서 붓 잡는 심정을 금하기 어렵네.
「12월 15일 밤. 하늘은 맑게 개이고 눈빛과 달빛이 서로 맑게 어울려
참으로 사랑스러웠으므로 한 장을 읊음」34)

위 1-9)에서 1-16에 이르기까지 『耘谷詩史』에는 모두 일곱 번의 '耘谷' 관련 기사가 보인다. 그러나 여기에서 원천석이 자신을 '운곡'으로 호칭한 흔적은 찾아 볼 수 없다. 오히려 내용을 볼 때 운곡은 변암 일대를 지칭하는 것이며 그가 살고 있었던 운곡 일대를 또한 '山城'이라 하여 '江村(강마을)'과 구별하고 있다. 또한 원천석은 자신이 "벼슬에 응하지

---

32) 「七日郎事」, 『耘谷詩史』 卷5/『高麗名賢集』 卷5, 363쪽 ; 『耘谷行錄』 卷5/ 『影印標點 韓國文集叢刊』 卷6, 213쪽.

33) 「秋懷」, 『耘谷詩史』 卷5/『高麗名賢集』 卷5, 370쪽 ; 『耘谷行錄』 卷5/『影印 標點 韓國文集叢刊』 卷6, 220쪽.

34) 「十二月十五夜 天宇澄霽 雪月交清絶可愛 吟得一章」, 『耘谷詩史』 卷5/『高 麗名賢集』 卷5, 371쪽 ; 『耘谷行錄』 卷5/『影印標點 韓國文集叢刊』 卷6, 221쪽.

않고 도를 닦으면서 谷口에 집을 짓고 살았던 漢末의 隱士 鄭樸을 본받았다."35)라고 한 점으로 보아 '운곡'이란 명칭도 역시 그러한 사실과 관련성을 갖는 것으로 이해할 수 있다.

2) 耘谷에서의 삶

아래의 시는 「김매는 늙은이의 노래」라는 것이다. 여기서 원천석은 스스로를 '耘老'라고 표현한 것에서도 알 수 있듯이 때로는 손수 쟁기질을 하는가 하면36) 밭을 갈고 김도 맸다.37) 그러나 노쇠한 뒤로는 이러한 일을 할 수가 없었는데 아래의 시는 이를 안타까워하는 노래다.

2-1)
김매는 늙은이가 늙어가면서 병이 많아
귀밑머리도 드문드문 세어졌지만,
(중략)
김매는 늙은이가 올해 농사라곤
一畝의 논조차 갈지 않았네.
(중략)

---

35) 「前按部豐儲倉使李公寄詩云」(『耘谷詩史』卷3/『高麗名賢集』卷5, 321쪽 ; 『耘谷行錄』卷3/『影印標點 韓國文集叢刊』卷6, 171쪽) ; 「奉寄趙中書璞」(『耘谷詩史』卷4/『高麗名賢集』卷5, 343쪽 ; 『耘谷行錄』卷4/『影印標點 韓國文集叢刊』卷6, 193쪽).

36) 「前按部豐儲倉使李公寄詩云」, 『耘谷詩史』卷3/『高麗名賢集』卷5, 321쪽 ; 『耘谷行錄』卷3/『影印標點 韓國文集叢刊』卷6, 171쪽.

37) 「節歸去來辭」, 『耘谷詩史』卷4/『高麗名賢集』卷5, 340쪽 ; 『耘谷行錄』卷4/『影印標點 韓國文集叢刊』卷6, 190쪽.

김매는 늙은이가 김매지 않아
가라지만 어지럽게 우거져 있네.
「김매는 늙은이의 노래」[38]

　원천석은 땅을 개간하고 물을 끌어들여 논농사를 짓고 있었다. 그러나 논을 갈지 못하여 가라지만 어지럽게 우거져 있는 상황을 무척 안타깝게 생각하고 있었다.(「耘老今年農業 不耕一畝水田」) 그것은 農心 본연의 모습을 보여준 것이기도 하지만 무엇보다도 식량을 생산하는 논이었기 때문에 더욱 그러하였을 것이다. 사실 그는 모내기(揷秧) 시기라든가 혹은 방법까지도 잘 알고 있었던 듯하다.(「椹熟桑林麥已秋 揷秧猶未遍原頭」)[39] 북풍을 막기 위해 소나무를 심어 방풍림을 조성하였다는 사실은 냉해를 막기 위한 것으로서 이 점은 실제로 그 자신이 모내기를 행하였을 가능성을 보여주기 때문이다. 이 시기에는 물레방아를 돌릴 정도로 관개용 수로가 활발히 이용되고 있었으며[40] 원천석의 논도 역시 당시 농업기술의 수준을 반영해주는 사례라고 할 수 있다.
　그러나 耘谷은 깊고 좁은 골짜기에 가파른 지형으로 인해 논농사에는 한계가 있었을 것이다. 따라서 논농사보다는 밭작물 재배가 상대적으로 많은 부분을 차지하고 있었던 것이며 이를테면 수박이라든가 오이농사와 같은 경우가 그러한 예이다.

---

38) 「耘老吟」, 『耘谷詩史』 卷1/『高麗名賢集』 卷5, 284쪽 ; 『耘谷行錄』 卷1/ 『影印標點 韓國文集叢刊』 卷6, 134쪽.
39) 「首夏郊行」, 『耘谷詩史』 卷1/『高麗名賢集』 卷5, 280쪽 ; 『耘谷行錄』 卷1/ 『影印標點 韓國文集叢刊』 卷6, 130쪽.
40) 「宿萬歲寺」, 『耘谷詩史』 卷2/『高麗名賢集』 卷5, 306쪽 ; 『耘谷行錄』 卷2/ 『影印標點 韓國文集叢刊』 卷6, 156쪽.

2-2)

수박밭이라야 겨우 몇 이랑이건만

줄기가 뻗어 서재를 둘러쌌네.

「鄭副使의 行軒에 西瓜를 드리면서」[41]

2-3)

오이 심으려 봄 밭의 깊은 진흙을 파헤치니,

「경술(1370) 봄. 旌善 刺使 安吉祥이 牧伯에게 보낸 시를 보고 목백 좌우에 바친 시와 짧은 서문」[42]

2-4)

소나무 언덕이 버드나무 둑에 닿고

오이 시렁은 가지 이랑에 닿았네.

「또 짓다」[43]

2-5)

산언덕에 풀 베고 참외를 심었건만

오랜 가뭄에 열매 많이 맺을 수 없었네.

「子誠 아우에게 참외를 보내면서」[44]

---

41) 「以西瓜獻鄭副使行軒」, 『耘谷詩史』 卷4./ 『高麗名賢集』 卷5, 347쪽 ; 『耘谷行錄』 卷4/ 『影印標點 韓國文集叢刊』 卷6, 197쪽.

42) 「庚戌春 旌善刺使安吉祥寄詩于牧伯云」, 『耘谷詩史』 卷2/ 『高麗名賢集』 卷5, 299쪽 ; 『耘谷行錄』 卷2/ 『影印標點 韓國文集叢刊』 卷6, 149쪽.

43) 「又」, 『耘谷詩史』 卷5/ 『高麗名賢集』 卷5, 366쪽 ; 『耘谷行錄』 卷5, 『影印標點 韓國文集叢刊』 卷6, 216쪽.

44) 「以苽寄子誠第」, 『耘谷詩史』 卷2/ 『高麗名賢集』 卷5, 304쪽 ; 『耘谷行錄』 卷2/ 『影印標點 韓國文集叢刊』 卷6, 154쪽.

2-6)
숲 속의 나물과 토란도 염치를 기를 만하네.
「스스로 읊음(두 수)」[45]

원천석은 수박밭이 겨우 '몇 이랑'라고 표현하였으나(瓜田纔數畝 成蔓
繞山齋)[46] '蓬蒿三畝稅尤重'라고 한 경우[47]도 있는 것으로 보아 3畝로
생각된다. 이는 그가 가진 밭의 거의 전부일 가능성이 있다. 그는 이를
'채소밭(菜圃)'이라고도 했는데[48] 땅이 부족할 경우에는 2-5)이나 2-6)에
서처럼 산언덕의 풀을 깎고 참외나 토란을 심기도 하였다. 채소밭에는
수박, 오이, 가지라든가 우엉[49]과 같은 菜蔬類는 물론 콩과 같은 穀類도
재배하였을 것으로 보인다. 아래에서 볼 수 있는 바와 같이 콩을 이용하여
두부를 만들었다는 사실은 그러한 개연성을 보여준다.

2-7)
말 콩을 먼저 맷돌에 갈아
통에 가득 흰 눈 쌓이면 물과 섞는다네.

---

45) 「自詠(二首)」, 『耘谷詩史』 卷3/ 『高麗名賢集』 卷5, 326쪽 ; 『耘谷行錄』 卷3/
    『影印標點 韓國文集叢刊』 卷6, 176쪽.
46) 그는 다른 곳에서 "閒寂蓬蒿數畝居 病多元不考詩書"라고도 했다. 「次金先
    達貂詩韻(五首)」, 『耘谷詩史』 卷4/ 『高麗名賢集』 卷5, 338쪽 ; 『耘谷行錄』
    卷4/ 『影印標點 韓國文集叢刊』 卷6, 188쪽.
47) 2-10)의 내용 참조.
48) 「端午 贈氷亭弟(五首)」, 『耘谷詩史』 卷4/ 『高麗名賢集』 卷5, 339쪽 ; 『耘谷行
    錄』 卷4/ 『影印標點 韓國文集叢刊』 卷6, 189쪽.
49) 「豆腐」, 『耘谷詩史』 卷5/ 『高麗名賢集』 卷5, 360쪽 ; 『耘谷行錄』 卷5/ 『影印
    標點 韓國文集叢刊』 卷6, 210쪽.

흔들어 즙을 내면 거품이 사라지고
걸러서 거품 가라앉히면 찌끼가 갑절 많아지네.
솥 안에 엉키면 우유처럼 진해지고
소반에 가득 담으면 구슬 빛이 되네.
「두부」50)

  이처럼 元天錫은 이용 가능한 땅을 최대한 활용하면서 작물을 재배하
였다. 대추며 밤나무를 심어 수확하는가 하면51) 계절에 따라 들나물,52)
숲 속의 나물,53) 약초54)도 캤다. 때로 자급할 수 없는 미나리, 오이(혹은
沈瓜)와 같은 것은 외부에서 구할 수밖에 없었는데, 특히 그는 오이재배를
어렵게 생각하고 있었다.

    2-8)
    東陵을 향해 오이 심기를 배우려 했지만
    재주 원래 없음을 스스로 탄식했네.

---

50) 「豆腐」, 『耘谷詩史』 卷5/ 『高麗名賢集』 卷5, 360쪽 ; 『耘谷行錄』 卷5/ 『影印
    標點 韓國文集叢刊』 卷6, 210쪽.
51) 「九月五日 與客小酌」, 『耘谷詩史』 卷2/ 『高麗名賢集』 卷5, 304쪽 ; 『耘谷行
    錄』 卷2/ 『影印標點 韓國文集叢刊』 卷6, 154쪽.
52) 「庚戌春 旌善刺使安吉祥寄詩于牧伯云」,(『耘谷詩史』 卷2/ 『高麗名賢集』 卷
    5, 299쪽 ; 『耘谷行錄』 卷2/ 『影印標點 韓國文集叢刊』 卷6, 149쪽) ; 「自詠」
    (『耘谷詩史』 卷5/ 『高麗名賢集』 卷5, 374쪽 ; 『耘谷行錄』 卷5/ 『影印標點
    韓國文集叢刊』 卷6, 224쪽).
53) 「自詠(二首)」, 『耘谷詩史』 卷3/ 『高麗名賢集』 卷5, 326쪽 ; 『耘谷行錄』 卷3/
    『影印標點 韓國文集叢刊』 卷6, 176쪽.
54) 「又」, 『耘谷詩史』 卷5/ 『高麗名賢集』 卷5, 366쪽 ; 『耘谷行錄』 卷5/ 『影印標
    點 韓國文集叢刊』 卷6, 216쪽.

「子誠 아우가 화답한 시를 보고 다시 차운함(세 수)」⁵⁵⁾

　이러한 정황으로 보아 원천석은 어려운 자연조건 속에서도 직접 농사일을 수행하였으며 때로는 시행착오를 겪으면서도 나름의 농사기술을 터득한 것으로 보인다. 자연적 조건을 정확히 이해하는 가운데 환경에 맞는 작물을 선택하거나 작물에 적합한 환경을 만들려 했으며, 또한 그에 적합한 농업기술을 습득하고 적용하고자 노력하였다. 그러나 이러한 노력에도 불구하고 실제 생활은 어려웠으며 게다가 대다수의 농민들이 그랬듯이 그 자신도 세금독촉에 시달렸다.

　2-9)
　갑자기 병들어 몇 달을 지내고 보니
　찬 물에 자라같이 오그라들었네.
　온갖 쓰라림을 말할 수 없고
　만 가지 걱정이 잠시도 떠나질 않네.
　어제도 세금 내라 독촉받으니
　가난한 살림살이에 눈썹 펼 틈도 없네.
「앞의 韻으로 시 두 수를 지어 宋 牧伯에게 올렸다」⁵⁶⁾

　2-10)
　쑥대밭 세 이랑에 세금은 더 무거워지니

55) 「子誠見和 復次韻(三首)」, 『耘谷詩史』 卷2/ 『高麗名賢集』 卷5, 304쪽 ; 『耘谷行錄』 卷2/ 『影印標點 韓國文集叢刊』 卷6, 154쪽.
56) 「用前韻作二詩呈宋牧伯」, 『耘谷詩史』 卷1/ 『高麗名賢集』 卷5, 281쪽 ; 『耘谷行錄』 卷1/ 『影印標點 韓國文集叢刊』 卷6, 131쪽.

오호(五湖)의 연기와 달에 정이 더욱 깊어지네.
「밤에 앉아 느낌이 있어(두 수)」[57]

그는 쑥대밭 세 이랑에 세금은 더 무거워졌다고 하였다.(蓬蒿三畝稅尤
重)[58] 비록 은거생활을 하고는 있었으나 스스로 자급하기에는 턱없이
부족한 농토로 인하여 耘谷에서의 삶은 가난을 면키 어려웠다. 초가집에
살면서 그나마 면옷을 갈아입을 형편도 안 되었다.[59] 그는 가난한 살림에
눈썹 펼 틈도 없다고 하였다.[60]

그러나 농사짓기가 그의 主業은 아니었다. 원천석은 陋卒齋에서 책을
읽는다든가 시를 쓴다든가 하는 일에 많은 시간을 보냈으며 때로 향교에
서 아이들을 가르치는 일도 하였다. 그럼에도 불구하고 이 무렵 원천석이
강촌에 사는 사람들의 삶을 꿰뚫고 있었음은 그 자신이 직접 농사를
짓고 있었으며 그 결과 농사일의 어려움을 누구보다도 잘 알고 있었기
때문이었을 것이다.

---

57) 「夜坐有感(二首)」, 『耘谷詩史』 卷5/ 『高麗名賢集』 卷5, 356쪽 ; 『耘谷行錄』
    卷5/ 『影印標點 韓國文集叢刊』 卷6, 206쪽.
58) '쑥대밭'이라고 한 것은 실제로는 농사를 짓고 못하여 잡초만 우거져
    있는 상황을 말한 것이지만 동시에 그 밭의 실제 면적이 3畝였음을
    보여준 것이다.
59) 「可」(『耘谷詩史』 卷1/ 『高麗名賢集』 卷5, 288쪽 ; 『耘谷行錄』 卷1/ 『影印標點
    韓國文集叢刊』 卷6, 138쪽) ; 「再用韻擬古」(『耘谷詩史』 卷4/ 『高麗名賢集』
    卷5, 349쪽 ; 『耘谷行錄』 卷4/ 『影印標點 韓國文集叢刊』 卷6, 199쪽).
60) 「用前韻作二詩呈宋牧伯」, 『耘谷詩史』 卷1/ 『高麗名賢集』 卷5, 281쪽 ; 『耘
    谷行錄』 卷1/ 『影印標點 韓國文集叢刊』 卷6, 131쪽.

3. 현실문제에 대한 인식과 태도

1) 자연재해와 그 대응

원천석은 비록 은거생활을 한다고 하였으나 단순히 외부로부터 갇혀 있는 생활은 아니었다.[61] 가깝게는 山城 아래 江村에 사는 사람들과도 접촉할 기회가 적지 않았던 듯하다. 그 결과 농사와 관련된 갖가지 행사며 세시풍속 그리고 때에 맞춰 농가에서 해야할 일 따위에 관한 정확한 지식을 갖고 있었다. 때로는 수령의 입장에서[62] 때로는 농민의 입장[63]에서 각각이 처해있는 어려움과 역할을 헤아릴 수 있을 정도였다. 그는 농민들이 겪고 있었던 가장 큰 어려움 가운데 하나로 자연재해를 꼽았다.

3-1)
山城에 몇 달 동안 비가 오지를 않아
넓은 들판에 풀도 없이 천리가 시뻘게졌네.
사람들은 가뭄 병에 걸려 서로 탄식하며
몇 번이나 구름 바라보고 애가 탔던가.
商羊은 춤추지 않고 旱魃은 잔인해서

---

61) 이를테면 그는 중앙과 지방의 사대부들에서 선후배에 이르기까지 동년 모임을 비롯한 다양한 계기를 통해서 혹은 국내외 사찰의 스님들과도 교유하는 가운데 세상 돌아가는 내용을 파악하고 있었다.
62) 「代郡守」, 『耘谷詩史』 卷5/ 『高麗名賢集』 卷5, 358쪽 ; 『耘谷行錄』 卷5/ 『影印標點 韓國文集叢刊』 卷6, 208쪽.
63) 「代民吟」, 『耘谷詩史』 卷5/ 『高麗名賢集』 卷5, 355쪽 ; 『耘谷行錄』 卷5/ 『影印標點 韓國文集叢刊』 卷6, 205쪽.

때아닌 西風이 쉬지 않고 불어대네.
오래 메마른 논에는 누런 먼지가 일어나고
곳곳에 샘물마다 물줄기가 끊어졌으니,
일년 농사를 다시 말해 무엇하랴
피와 조는 다 말라붙고 콩 보리도 없네.
농부들은 보습도 놓아버리고 호미도 내던졌으니
온갖 노력을 다했지만 끝내 무엇을 얻으랴.
「괴로운 가뭄」[64]

　위의 내용은 원천석이 살고 있던 운곡에서 직접 체험한 사실을 기록한
것이다. 그는 극심한 가뭄으로 인해 농부들은 보습도 놓아버리고 호미도
내던졌다고 하였다. 온갖 노력을 다했지만 끝내 무엇을 얻을 수 있겠는가
하고 반문한다. 그는 바로 이웃마을에서 벌어지고 있는 農民流亡의
현실을 목격하고 있었던 것이다. 이와 같은 일은 비단 가뭄에 한정된
것이 아니고 水害도 마찬가지였다.

　　3-2)
　사방 둘러싸인 산 가운데 들판이 평평하네.
　밭이며 논들이 물난리 겪었다더니
　나무 끝에 걸린 뗏목 가지가 길가다 보이네.
　사람이 드무니 달아난 집 많은 걸 알겠구나.
　「麟蹄縣」[65]

64)「苦旱」,『耘谷詩史』卷2/『高麗名賢集』卷5, 308쪽 ;『耘谷行錄』卷2/『影印
　　標點 韓國文集叢刊』卷6, 158쪽.
65)「麟蹄縣」,『耘谷詩史』卷1/『高麗名賢集』卷5, 278쪽 ;『耘谷行錄』卷1/

물난리를 겪은 뒤 생계를 잃게 되자 주민이 터전을 버리고 流亡한 사실을 기록하고 있다. 농촌피폐화의 원인을 자연재해와 결부시켜 극심한 가뭄이나 수해가 농민을 유망케 함으로써 결국 농촌을 피폐하게 할 수 있음을 말한 것이다. 이러한 인식은 지금까지 『高麗史』와 같은 官撰史書에서 서술된 여말의 경제상황에 대한 평가와는 달리 실제보다 간과되어 온 측면이라고 할 수 있다.[66] 그렇다면 그는 이와 같은 상황에 어떻게 대처하는 것이 옳다고 생각했을까?

3-3)
옛부터 성 동쪽(城東)에 신령스런 사당이 있어
날마다 무당들 모여 복을 빌어 주네.
북 소리 나팔 소리가 천둥같이 시끄러운데다
머리에 불동이 이고 줄을 이어 다니네.
소리치며 뛸 때엔 땀이 옷을 적시건만
하늘을 우러러봐도 푸르기만 하구나.
그토록 애쓰건만 비는 내리지 않으니
후세의 그 누가 靈感을 알아주랴.

또 절간을 찾자 스님들이 모여
眞經을 펼쳐 읽으며 法席을 베풀었네.
(이때 나라에서 명령을 내려 雲雨經을 읽게 하였다)
정성이 이러하건만 비는 계속 오지를 않아

『影印標點 韓國文集叢刊』 卷6, 128쪽.
66) 이 점은 여말의 경제상황에 대한 자연재해의 비중을 재평가할 필요가 있다.

조물주도 마땅히 꾸중을 들어야겠네.
인민들이 힘입을 데라고는 부처와 하늘뿐인데
기도해도 이뤄주지 않으니 아무런 이익이 없네.
「괴로운 가뭄」[67]

위 내용은 원천석이 살고 있던 마을이 심각한 가뭄에 처해 있을 때
겪은 사실을 옮긴 것이다. 그는 인민이 힘입을 데는 오직 부처와 하늘뿐인
데 기도해도 이루어지지 않으니 아무런 이익이 없다고 하였다. 이 무렵
정서로 볼 때 무당을 동원하여 하느님의 도움을 받거나 經典에 의거하여
부처님의 가호를 받는 일은 당연한 일로 여겨지고 있었다. 나라에서도
명을 내려 雲雨經을 읽게 할 정도였다.

그러나 이러한 태도는 원천석 자신의 경우에도 크게 다름이 없었던
듯하다. 그는 무당에 의한 주술 혹은 스님에 의한 독경이 다만 그 효과를
보지 못하고 있음으로 인해 오히려 조물주를 탓하고 있을 따름이었다.
이는 巫俗 혹은 佛敎信仰에 대한 민중의 인식을 반영한 것이지만 그
자신도 이에 대해 부정하기보다는 일정하게 수용하는 자세를 보인 것이
다. 이 점에 있어서 비록 전통적인 것일지라도 하늘에만 의존하는 사회풍
속을 비판한 牧隱 李穡의 경우와도 차이가 있다. 풍속의 개혁이란 측면에
서 보면 보다 보수적 견해를 보인 것으로 판단된다.

---

67) 「苦旱」, 『耘谷詩史』 卷2/『高麗名賢集』 卷5, 308쪽 ;『耘谷行錄』 卷2/『影印
    標點 韓國文集叢刊』 卷6, 158쪽.

2) 토지문제에 대한 태도

자연재해에 대한 두려움이 없는 것은 아니지만 그것은 불가항력인 경우가 많다. 이에 비해서 원천석이 가장 걱정하고 있었던 것은 역시 토지제도 그 중에서도 수조권 문제였다. 그는 이를테면 수조권 겸병행위를 일삼는 자를 '田民兼幷之徒'[68] 혹은 '權豪輩', '兼幷暴虐之徒', '豪强', '妄謂忠良社稷臣'이라고 표현[69]하였다. 그만큼 증오의 눈으로 보고 있었다. 따라서 그는 농민들을 피폐시키는 주범인 權豪들을 과감하게 처단해야 할 것으로 생각하였다.[70] 문제의 핵심이 바로 수조권에 있음을 지적한 것이다.

3-4)

　方山을 떠나 楊口郡에 이르렀는데, 아전이나 백성들의 집이 모두 기울어지거나 땅바닥에 쓰러졌으며, (온 마을이) 텅 비어 연기 나는 집이 없었다. 길가는 사람에게 물었더니, 이렇게 대답했다. "이 고을은 狼川郡에서 아울러 다스리는 곳인데, 옛부터 땅이 좁고 척박해서 백성이나 산물이 쇠잔했습니다. 근래에 와서는 밭마저 권세가에게 빼앗기고 인민들을 못살게 하는 데다 세금마저 굉장히 많아, 발붙일 곳이 없게

---

68)「有感[時田民兼幷之徒蜂起(八首)]」,『耘谷詩史』卷3/『高麗名賢集』卷5, 330쪽 ;『耘谷行錄』卷3/『影印標點 韓國文集叢刊』卷6, 180쪽.

69)「伏聞主上殿下奮義掃盡 兼幷暴虐之徒 四方晏然 詩以賀之」,『耘谷詩史』卷3/『高麗名賢集』卷5, 332쪽 ;『耘谷行錄』卷3/『影印標點 韓國文集叢刊』卷6, 182쪽.

70)「伏聞主上殿下奮義掃盡 兼幷暴虐之徒 四方晏然 詩以賀之」,『耘谷詩史』卷3/『高麗名賢集』卷5, 332쪽 ;『耘谷行錄』卷3/『影印標點 韓國文集叢刊』卷6, 182쪽.

되었습니다. 그런데도 겨울철만 되면 세금을 독촉하는 무리들이 문이
메어지도록 잇달아, 한번이라도 명을 어기면 손과 발을 높이 매달고,
심지어는 곤장까지 때려서 살과 뼈가 해어지게 하니, 살던 백성들이
견디지 못하고 사방으로 흩어져서 마을이 이같이 되었습니다." 내가
그 말을 듣고 오언시 여덟 구를 지어 마을이 쇠망해 가는 실정을
적어둔다.[71]

그는 수조권 문제에 대한 인식에 있어서 중앙신료들의 견해와 크게
다르지 않았다. 그러나 실제로 중앙신료들이 가장 우려하고 있었던
것은 수조권의 겸병에 따른 士者世祿으로서의 기능상실에 있었다.[72]
따라서 이 시기 중앙에서의 전제개혁의 방향도 사실상 이 기능을 회복하
기 위한 수조권 분급제도의 재조정에 두어져 있었다.

그러나 토지문제에 대한 원천석의 문제의식은 수조권의 겸병으로
인한 농민생활의 피폐에 두어져 있었다. 그는 사대부계층 내부의 이해관
계보다는 농민의 입장에서 문제를 보다 구체적이고도 심층적으로 파악
하고자 하였다. 이를테면 楊口郡의 경우에 마을이 쇠망하게 된 원인을
크게 세 단계로 설정하고 있었다. 첫째는 다른 지역에 비해 땅이 좁고
척박하다는 점, 둘째는 權勢之家의 수탈 그리고 셋째로 官家의 과도한

---

71) "十五日 發方山到楊口郡 吏民家戶欹斜倒地 寂無烟火 問諸行路 答曰 此邑乃
狼川郡之兼領官也 自古地窄田磽 民物凋殘 比來權勢之家奪有其田土 擾亂
其人民 租稅至多 雖容足立錐之地 無有空閑 每當冬月 收租徵斂之輩 塡門不
已 一有不能則高懸手足 加之以杖 剝及肌骨 居民不堪 流移失所 故如斯也
予聞其語 作五言八句 以著衰亡之實云", 『耘谷詩史』 卷1/ 『高麗名賢集』
卷5, 278쪽 ; 『耘谷行錄』 卷1/ 『影印標點 韓國文集叢刊』 卷6, 128쪽.
72) 朴京安, 1994, 「麗末 儒者들의 田制 改革論에 대하여」, 『東方學志』 85.

세금이 바로 그것이다. 이는 문제의 원인을 어느 한 측면이 아니라 순차적 분석을 통해 다각도로 이해하고자 한 것이라 하겠다.

그런데 특이한 점은 수조권에 기인한 토지문제의 발생을 단지 경제적 요인에 국한시키지 않았다는 사실이다. 그는 근본을 다스리려면 農政부터 먼저 해야 한다고 하면서 모름지기 農桑에 힘쓰기를 권면하되 백성을 感化시키는 정치를 해야 할 것으로 생각하였다.[73] 그리고 感化를 막는 요소로서 權豪에 의한 토지겸병을 보고 있었다. 경계를 바르게 해야 한다는 생각은 이에서 비롯된 것이었다.[74] 그러나 感化를 통한 敎化가 이루어지지 않는 직접적 원인을 憲司의 탓으로 돌리고 있었다. 憲司가 敎化는 뒷전이고 의복제도의 교체와 같은 풍속의 개편에 매달리고 있기 때문이라는 것이다.

> 3-5)
> 儀仗의 馬이 울지 않아 말(言)의 길이 막히고
> 울타리의 파리가 뜻을 얻으니 해괴한 일이 많네.
> 憲司가 밝은 敎化는 펴지 않고서
> 衣冠을 바꾸라고 날마다 독촉하네.
> (이 무렵 의복제도를 바꾼다는 통첩이 자주 있었기 때문이다)
>
> 쟁탈하는 바람이 일어나니 귀신의 지역인가
> 염치의 도를 잃었으니 사람 세상이 아닐세.

---

73) 「上河刺史詩(幷序, 允源)」, 『耘谷詩史』 卷2/ 『高麗名賢集』 卷5, 300쪽 ; 『耘谷行錄』 卷2/ 『影印標點 韓國文集叢刊』 卷6, 150쪽.

74) 「送弟副正赴春州量田」, 『耘谷詩史』 卷4/ 『高麗名賢集』 卷5, 337쪽 ; 『耘谷行錄』 卷4/ 『影印標點 韓國文集叢刊』 卷6, 187쪽.

머리를 돌려 홀연히 옛 왕조 일을 생각하다가

멀리 창오산 바라보며 눈물이 얼굴에 가득해지네.

「느낀 바가 있어(이때 농민들의 토지를 빼앗으려는 무리들이 벌떼처럼 일어났다, 여덟 수)」75)

사실 이 시기 의복제도의 교체는 풍속의 전환에 따른 것으로서 그 배경에는 元明交替期라고 하는 대외적 요인이 있었다. 당시 개혁파 사대부 세력이 言路를 장악하고 있었음은 주지의 사실이지만 특히 親明派를 중심으로 구성되고 있었던 것으로서 이들이 풍속의 개변을 주도하고 있었던 것으로 생각된다.

3-6)

천자의 위엄이 바닷가까지 미쳐

의관 법제를 이미 선포하였네.

옛것 버리고 새 옷 입음이 어찌 그리 빠른지

외국 사람이 이제 중국사람 되었네.

「이 달 朝廷에서 大明의 聖旨를 받들어 의복제도를 바꾸었는데, 一品에서 庶官과 庶民에 이르기까지 각각 등급에 따라 달랐다. 이에 절구 네 수를 지어 기록한다」76)

---

75) 「有感[時田民兼幷之徒蜂起, 八首」, 『耘谷詩史』 卷3/ 『高麗名賢集』 卷5, 330쪽 ; 『耘谷行錄』 卷3/ 『影印標點 韓國文集叢刊』 卷6, 180쪽.

76) 「是月 朝廷奉大明聖旨 改制衣服 自一品至於庶官庶民 各有科等 作四節以誌之」, 『耘谷詩史』 卷3/ 『高麗名賢集』 卷5, 325쪽 ; 『耘谷行錄』 卷3/ 『影印標點 韓國文集叢刊』 卷6, 175쪽.

그는 "朝廷에서 大明의 聖旨를 받들어 의복제도를 바꾸었는데, 一品에서 庶官과 庶民에 이르기까지 각각 등급에 따라 달랐다."라고 하면서 "옛 것 버리고 새 옷 입음이 어찌 그리 빠른지 외국 사람이 이제 중국사람 되었네."라고 하였다. 이는 고려인이 주체성을 잃고 중국의 의관 법제를 따르는 것을 우회적으로 비판한 것이다. 그는 중국과 우리나라는 거리가 멀고 風水와 陰陽의 기운이 다른 것으로 보고 있었다.[77] 따라서 풍속에 있어서도 꼭 같을 수는 없는 것으로 판단하고 있었던 것이다.

이 무렵 고려왕조는 明나라와의 事大關係를 따르게 됨으로써 그에 따른 의복제도의 전환이 강제적으로 요구되었다. 그는 "制度와 綱常이 海東에 있었는데 미친 물결이 덮쳐와 그 遺風이 없어졌네."라고도 하였다.[78] 그러나 더욱 중요한 것은 그것이 단지 풍속의 전환에 그치는 사항이 아니라는 인식이었다. 이를테면 事大의 대상이 明으로 교체됨에 따라 그 영향이 직접적으로 국내에 미쳐 교화를 소홀히 하게 된 결과 토지겸병이라는 경제적 위기상황이 초래되었다고 본 것이다. 요컨대 원천석은 토지겸병의 또 다른 원인으로 대외관계의 변화와 그로 인한 부정적 영향으로 판단하였다.

한편 여말 전제개혁에서는 수조권과는 다른 차원에서의 지주적 토지소유라고 하는 보다 근원적 문제의식도 등장하였다. 물론 鄭道傳과 같은 인물을 제외하고 전제개혁의 주도적 방향은 되지 못하였다. 그러나 정도전이 원천석과 同年이었다는 점[79]을 고려할 때 차이점을 한 번쯤

---

77)「送雲遊子覺宏遊江浙(幷序)」,『耘谷詩史』卷2/『高麗名賢集』卷5, 300쪽 ;『耘谷行錄』卷2/『影印標點 韓國文集叢刊』卷6, 150쪽.

78)「有感」,『耘谷詩史』卷4/『高麗名賢集』卷5, 345쪽 ;『耘谷行錄』卷4/『影印標點 韓國文集叢刊』卷6, 195쪽.

생각해 볼 필요가 있다. 다만 유감스럽게도 직접적 자료가 없어서 원천석의 입장을 정확히 말하긴 어려우나 당시 유행이었던 별장에 관한 내용을 통해서나마 간접적으로 알아보기로 하자.

3-7)
奉翊 版圖判書에서 물러난 徐允賢 공이 하루는 내게 이렇게 말했다. "내가 사는 조그만 누각 앞 연못에 맑은 샘물을 끌어들이고, 그 곁에 밤나무 亭子(栗亭)를 만들었습니다. 못 가에 논 한 마지기가 있는데, 더운 철에 올라가 보면 서늘한 기운이 책상에 생겨납니다. 그곳에서 연꽃을 구경하고 농사를 감독하며 그윽한 정을 펼친 지가 여러 해 되었습니다. 그러다가 올해 7월 어느 날, 전 자사 閔公이 농사를 장려하기 위해 들판을 다니다가 마침 이곳을 지나게 되었는데, 한 번 둘러보고 시를 지어 주었습니다. 그 시를 현판에 써서 붙이자, 내 누각의 가치가 더욱 높아졌습니다. 그대도 나를 위해서 그 운에 따라 시를 지어, 우리 刺史의 風化를 찬미하지 않겠습니까?"
「前刺史 閔公이 徐 奉翊의 별장에 쓴 시에 차운한 시와 서문」[80]

여기서는 奉翊에서 물러난 徐允賢이 자신의 별장에 관하여 비교적 자세히 기록하고 있다. 그는 별장에 누각을 짓고 물을 끌어들여 연못을 만든 다음 누각 옆에 밤나무 亭子도 만들었다. 못가에는 一頃에 해당하는 논도 있었는데 그는 연못의 연꽃을 감상하면서 동시에 논에서 일하는

---

79) 「十二月十七日 同年鄭道傳到此贈予詩云」, 『耘谷詩史』 卷1/『高麗名賢集』 卷5, 282쪽 ; 『耘谷行錄』 卷1/『影印標點 韓國文集叢刊』 卷6, 132쪽.

80) 「和前刺史閔公題徐奉翊郊居詩(幷序)」, 『耘谷詩史』 卷2/『高麗名賢集』 卷5, 307쪽 ; 『耘谷行錄』 卷2/『影印標點 韓國文集叢刊』 卷6, 157쪽.

사람들을 감독하기도 하는(賞蓮觀稼) 가운데 그윽한 정을 누린 지 여러 해가 되었다고 하였다.

이와 비슷한 풍경은 『耘谷詩史』의 여러 곳에서 보여 당시 사대부들의 별장에서는 흔히 이루어지는 모습이었을 것이다. 산곡의 물을 끌어들여 이를 이용하여 관개하는 방식은 전형적인 고려시기 농경의 형태였다. 여기서 一頃의 면적은 생각보다는 상당히 넓은 것이다. 結로 표시하지 않은 점은 아직 量案에 등록되지 않은 新開墾地일 가능성도 있다. 일하는 사람들에 관해서는 자세히 설명하지 않았는데 노비일 가능성이 많지만 備耕人 혹은 小作人일 가능성도 배제할 수 없다.

요컨대 徐允賢의 별장은 자신의 토지 위에 성립된 경영형태의 일 유형임에는 틀림이 없다. 前刺史 閔公은 별장에 현판을 써서 달아주기까지 하였는데 徐允賢으로부터 그의 풍화를 찬미하는 시를 요청받고 원천석은 다음과 같이 말하였다.

3-8)
이제 徐公이 벼슬에서 용기 있게 물러나 숲과 샘에 살면서 맑은 흥을 즐기는 줄 알고 閔公이 별장을 지나다가 자기가 보는 대로 붓 아래 나타냈으니, 고을을 다스리는 여가에 자기를 알아주는 친구끼리 서로 만나서 고을살이의 즐거움을 잠시나마 얻은 것을 이 시에서 볼 수 있습니다.[81]

여기서 알 수 있는 것은 별장 형태의 농장에 관하여 원천석은 별다른 의문점을 제시하지 않는다. 오히려 고을살이의 즐거움을 말하고 있다.

---

81) 위의 글.

이처럼 소유권에 바탕을 둔 농업경영에 관한 그의 생각은 대체로 부정적이기보다는 오히려 긍정적인 것처럼 보인다. 이 점 소유권에 바탕을 둔 농업경영이 無勞動에 근거하여 富益富 貧益貧의 결과를 초래하는 것으로서 토지제도의 근본적 모순임을 간파한 三峰 鄭道傳의 경우와는 상당히 다른 모습이다.

4. 맺음말

원천석은 은둔생활을 하면서도 자연조건을 이해하는 가운데 몸소 작물을 선택한다든지 그에 적합한 환경을 만들었으며 또한 그에 적합한 농업기술을 습득 적용하고자 노력하였다. 농사에 대한 이러한 접근방법은 기본적으로 생계를 위한 것이기는 하지만 관찰과 실험을 통해 사물의 성질을 밝히고 그 오묘한 이치를 깨닫는 과정으로 결국 窮理에 의한 '格物致知'에 다름 아니었다. 그는 이를 修己의 한 과정으로 생각했는지도 모르겠다. 그렇기에 亭子를 지으면서도 修養을 염두에 두었던 것이다.

원천석의 이와 같은 사물에 대한 格物致知的 자세는 營農과정에서 표출되었으나 個人에 그치지 않고 인근지역에서 국가에 이르는 공동체적 삶을 이해하는 과정에서도 그대로 드러나고 있었다. 이를테면 공동체적 삶을 파괴하는 民의 流亡에 주목하면서 그 원인을 자연재해와 더불어 수조권 분급제의 모순에서 찾고 있었다. 원천석은 사실에 기초하여 객관적으로 현실을 바라보고자 했던 것이다. 아울러 그는 收租權 문제의 심각함을 지적하면서도 그 원인을 단순히 경제문제에 귀착시키지 않았다. 즉 元明교체기 국제질서의 재편과 이에 편승한 權豪들의 발호 그리고 이를 단속하지 않은 憲司의 책임으로 판단하고 있었다. 원천석은 고려 이래의 풍속을 긍정적으로 생각하면서 새로운 변화를 걱정하고 있었다. 그는 制度와 綱常이 海東에 있었다고 하였다. 그러나 服制 강요에서 볼 수 있듯이 明과의 관계 속에서 재래의 풍속은 개혁파들에 의해 점차 훼손되고 있었다. 그는 중국과 우리나라는 거리가 멀고 風水와 陰陽의 기운이 다른 것으로 보고 있었다. 때문에 그는 고려의 주체성이 상실될 위기에 처해 있었던 것으로 판단하였던 것이다. 그가 걱정하고 두려워했던 것은 바로 이 점이었다.

한편 節義의 인물로서의 원천석은 사실상 宣祖 功臣이었던 朴東亮 (1569~1635)에 의해 비로소 발굴 재조명되었다고 할 수 있다. 昌王廢位의 일처럼 國基를 뒤흔들 수 있는 내용에도 불구하고 그보다는 不事二君의 節義가 강조될 수 있었던 것은 당시 특별히 守成의 필요성이 절감된 임란 이후의 정치적 현실과도 무관하지 않았을 것이다. 耘谷이라고 하는 號도 그렇게 해서 만들어진 것은 아닐까?

따라서 오늘날 원천석에 대한 평가는 17세기적 상황 속에서 이루어진 것이다. 그에 대한 정당한 평가는 麗末鮮初라고 하는 당대의 관점에서 다시금 정립될 필요성이 있는 것이다. 그것은 단순한 節義의 인물이 아니라 나라의 主體性이 무엇이고 正體性은 무엇인지에 대한 나름의 고민과 좌절을 겪은 한 인물에 대한 평가일 수 있다.

제2절 元天錫의 歲時認識

1. 머리말

耘谷 元天錫은 圃隱 鄭夢周, 冶隱 吉再와 더불어 節義의 인물로서 殷나라의 三仁에 비유하기도 한다.[82] 이는 끝까지 고려왕조를 지키고자 했던 儒者로서의 신념의 표현이기도 하다. 그러나 특별히 이들 인물이 부각된 것은 조선중기 이후 守成의 필요성이 절감된 정치사회적 분위기와도 무관하지 않은 듯하다. 실제로 운곡은 고려왕조에의 정치적 지향성이 강하게 엿보이는 것은 사실이지만 그것은 하나의 결과일 뿐 그보다는 오히려 고려사회의 가치에 대한 높은 신뢰와 더불어 강한 자부심의 표현이 아닌가 하는 점이다.

그렇다면 고려사회의 가치란 과연 무엇일까? 그 답변이 결코 쉬운 것은 아니지만 필자는 그러한 가치를 담고 있는 것으로서 歲時風俗을 들고 싶다. 세시풍속이란 예로부터 해마다 慣例로서 행하여지는 傳承的 行事로 본다면 여말의 세시풍속은 바로 그러한 가치를 담고 있는 공동체적 의례로서의 성격도 갖는다. 특히 여말 풍속의 개혁이 추진되고 있었다는 사실과 관련해서 보면『耘谷詩史』에 들어있는 세시풍속 관련 내용은 이를 통해 개혁기의 과도기적 성격도 추출해 볼 수 있을 것이다.

---

82) 丁範祖,「耘谷先生文集序」,『耘谷詩史』. 丁範祖(1723~1801)는 愚潭 丁時翰의 현손으로 正祖가 그를 당대 문단의 제일인자로 인정하여, 그 말년까지 藝文館과 弘文館의 提學으로 문장을 맡았다. 대대로 원주에서 사는 집안 출신이었기에, 운곡 선생의 문집에 서문을 쓰게 되었다.

　　물론 원주라고 하는 지방에서의 풍속을 논한다는 것은 지역적 한계도 없지는 않을 것으로 생각된다. 그러나 지방이라고 하는 특수성은 지역풍속 즉 鄕風을 살필 수 있는 조건인 동시에 중앙과 떨어져 있으면서 중앙에서 벌어지고 있는 상황을 관망할 수 있는 위치이기도 하다. 따라서 필자는 『耘谷詩史』를 통해서 이러한 점들에 유의하면서 여말 세시풍속의 의미를 정리해 보기로 한다.

2. 京鄕의 세시풍속

1) 국가적 차원의 歲時記錄

　　고려시기의 세시풍속에 관해서는 『高麗史』 기록이 참고되는데, 刑執行을 정지하는 날 가운데 國忌, 十直과 함께 愼日과 俗節을 들고 있다.[83] 이에 따르면 俗節은 元正(설날)·上元(정월보름)·寒食·上巳(삼진날)·端午·重九·冬至·八關 및 秋夕이, 愼日에는 연초의 子, 午日과 2월 초하루가 해당된다. 한편 『高麗史』에는 당시 국가적 차원에서 관리하던 각종 휴무일을 기록[84]하고 있는데 이를 통해서도 각종 歲時 및 이에 준하는 행사일을 엿볼 수 있다.

　　이를테면 관리들의 給假日은 매월 1일·8일·15일·23일과 入節日(단, 立夏는 3일간), 설날(元正) 전후 7일간, 蠶暇(정월 중의 子日과 午日), 人日(정월 7일), 정월 보름날(上元) 전후 3일간, 燃燈(2월 15일), 春社(풍년을 비는 봄 제사), 春分, 諸王社會(3월 3일), 寒食 3일간, 立夏 3일간,

---

83) 『高麗史』 卷84, 志38, 刑法1, 名例, 禁刑條.
84) 『高麗史』 卷84, 志38, 刑法1, 公式, 官吏給暇條.

七夕, 7월 보름날(中元) 전후 3일간, 秋夕, 三伏 3일간, 秋社(社稷祭日), 秋分, 授衣(9월 1일), 重陽(9월 9일), 冬至, 10월 보름날(下元), 八關(11월 보름날) 전후 3일간, 臘享 전후 7일간, 日月食, 端午, 夏至 전후 3일간으로 되어 있다.

위의 내용을 따르면 총 휴무일은 연간 대략 90일 정도가 되지만 설날과 臘享의 휴무일은 겹치는 것으로서 파악된다. 다만 이러한 내용은 국정수 행에 필요한 휴일이기 때문에 이것이 세시풍속과 일치한다고 말하기는 어렵다. 아래는 官吏給暇日을 월별(태음력)로 옮겨놓은 것이다.

〈표 1〉 고려의 월별 官吏給暇日

月別	官吏給暇日
1	1・8・15・23日, 元正(설), 蠶暇, 人日, 上元(보름), 입춘
2	1・8・15・23日, 연등, 春社, 춘분
3	1・8・15・23日, 諸王社會(上巳; 삼짇날), 한식
4	1・8・15・23日, 입하
5	1・8・15・23日, 단오, 하지
6	1・8・15・23日, 三伏
7	1・8・15・23日, 칠석, 中元, 입추
8	1・8・15・23日, 추석, 추분
9	1・8・15・23日, 秋社, 授衣
10	1・8・15・23日, 下元, 입동
11	1・8・15・23日, 동지, 팔관
12	1・8・15・23日, 臘享

2) 『耘谷詩史』에서의 세시기록

한편 『운곡시사』에는 세시풍속과 관련된 여러 기록들이 있는데 사실 적 기록이 아닌 음률시의 형식을 빌어서 표현하고 있다. 『운곡시사』의 기록을 월별로 정리하여 보면 다음과 같다.

〈표 2〉『운곡시사』의 월별 세시기록

月別	歲時記錄 유형 및 관련 詩數
1	元正(설;16), 人日(4), 입춘(10)
2	春祀(春祀;1)
3	삼진날(1), 청명(4), 곡우(3), 한식(2)
4	초파일(3)
5	단오(14)
6	소서(1)
7	칠석(6), 입추(3)
8	추석(5), 석전제(2)
9	중양절(4)
10	
11	동지(5)
12	臘享(7)

3. 계절의 변화와 세시인식

『운곡시사』의 내용이 詩語로 표현되어 있는 만큼 사료로서 인용할 경우 일정한 한계가 있는 것도 사실이다. 여기서는 그러한 한계성을 충분히 감안하면서 사료가 갖는 의미와 시대적 특성을 살펴보고자 한다. 그러나 『운곡시사』라는 서체 자체가 역사성을 전제로 한 만큼 사료로 설정하는 데 큰 문제는 없어 보인다.

1) 정월~이월

[元正(元日, 新正)]

정월 초하루 즉 설날을 말하는 것으로 1년의 시작을 의미한다. 국가에서는 日官으로 하여금 책력을 만들어 중앙과 지방에 나누어주곤 하였

다.85) 이 날은 冬至와 더불어 국왕이 각 지방장관으로부터 신년하례를
받는다든가86) 대외적으로는 事大의 예를 취하는87) 등 국내외적으로
중요한 날로 인식되었다.

4-1)
노래하는 누각에는 술값이 높아 가고
꽃 탑에는 매화 향기가 퍼지는데,
안타깝구나! 성을 쌓는 군사들은
달려가는 길이 얼마나 바쁠까.
「1394년 설날」88)

명절을 맞아 술집에서는 노랫소리가 울리는 가운데 설을 맞아 낙향하
는 군사들의 마음을 표현한 것이다. 이처럼 관인은 물론 築城卒과 같은
부역종사자들도 이 기간 동안은 쉴 수 있었다. 당대에 있어서 설은
새해의 시작임을 알리는 것이었지만 동시에 봄의 출발로도 인식하였다.

4-2)
丁未年(1367)이 끝나고 戊申年(1368) 되었으니
東君이 태평스런 봄을 선포하네.

---

85) "(忠烈王 6년 11월) 己未 命日官 自今勿進 '冬至元正曆'", 『高麗史』卷29, 世家29.

86) "元正冬至節日 朝賀儀", 『高麗史』卷67, 志21, 禮9, 嘉禮 ; "禮部奏 兩界·三 京·三都護·八牧 每當冬至及至元節 表賀坤成殿 以爲恒式 制可", 『高麗史』卷12, 世家12, 睿宗 원년.

87) "元正冬至上國聖壽節 望闕賀儀", 『高麗史』卷67, 志21, 禮9, 嘉禮.

88) 『耘谷詩史』卷5/『高麗名賢集』卷5, 372쪽.

설날 아침의 경사를 그대는 기억하시게
풍년 들 징조로 많은 눈이 내렸으니.
「1368년 설날 아침 눈이 내리는데 元立 선생이 다음과 같은 시를
지어 주므로, 이에 차운하여 답하였다」[89]

4-3)
東君이 새벽에 동쪽에서 돌아와
나를 향해 따뜻한 웃음을 보내 주었네.
이미 늙었다고 한탄하지 말게.
그대 위해 일부러 봄빛을 가지고 왔네.
「1390년 설날」[90]

元立은 耘谷에게 보낸 시에서 東君이 태평스런 봄을 선포했다고 하였
으며 운곡 자신은 東君이 동쪽에서 돌아와 봄빛을 갖고 왔다고 하였다.
東君은 원래 太陽神 혹은 春神을 뜻하였는데[91] 태양의 움직임에 따라서
봄이 온다고 본 것이다. 말하자면 설은 새해의 시작임과 동시에 봄의
출발로 생각했던 것이다.[92] 元立은 설날 아침에 많은 눈이 내리자 풍년이
들 징조라고 하였다.[93] 오늘날도 瑞雪이라고 하여 길조로 보는데 이는

---

89) 『耘谷詩史』 卷1/『高麗名賢集』 卷5, 292쪽.
90) 『耘谷詩史』 卷4/『高麗名賢集』 卷5, 343쪽.
91) 태양의 神, 또는 태양을 달리 이르는 말. '春神'이라는 뜻으로도 쓰였다.
92) 東君은 봄을 맡은 동쪽의 神으로 靑帝라고도 했다. 이는 五行說에서
   청색은 봄(春)·동(東)에 배당되는 것과 관련이 있다.
93) 이는 운곡이 "채색 구름이 눈을 뿌려 (중략) 새해 맞는 집집마다 경사스런
   징조로 받아들이네"라고 한 것과 같은 것으로 겨울철 갈수기를 염두에
   둔 농본주의적 발상이기도 하다.

당시에도 마찬가지였다. 봄철 갈수기를 염두에 둔 농본주의적 발상이기
도 하다.

　한편 앞에서 元立이 운곡에게 시를 보낸 것과 마찬가지로 丙寅年(1386)
에는 趙 奉善[94]이 시와 함께 안부를 물었다. 예나 지금이나 설에 즈음하여
신년하례를 하는 풍습이 있었던 것 같다.

　　4-4)
　　찾아와서 안부 묻는 것만 해도 고마운데
　　아름다운 시까지 보여 주어 병든 얼굴을 풀게 하다니.
　　우리네 성정이야 맑은 물 같을 뿐이지
　　어찌 저 산같이 오랜 수명을 기대하랴.
　　「설날, 趙 奉善이 보낸 시에 차운함」[95]

　　4-5)
　　부질없이 장한 뜻 품고 긴 칼을 어루만지며[96]
　　주린 창자 달래려고 작은 도시락을 찾네.
　　새해를 하례하는 시 한 수를 반갑게 얻고 보니

---

94) 奉善 : 奉善大夫의 준말. 봉선대부는 고려시대 종4품 문관의 官階.
95) 『耘谷詩史』卷3/『高麗名賢集』卷5, 318쪽.
96) 제나라 孟嘗君의 삼천 식객 가운데 馮驩이 의탁해 있었다. 맹상군의
　집에서는 식객들의 신분이나 능력을 평가하여 대우가 달랐는데, 그에게
　는 채소 반찬만을 먹게 하였다. 그러자 풍환이 기둥에 기대서서 긴
　칼을 두드리며 "긴 칼을 찬 사람아! 돌아가거라. 식탁에 고기반찬이
　없구나." 하였다. 그러자 맹상군이 그에게 고기반찬을 대접하게 하였다.
　그 뒤에 맹상군이 승상 벼슬에서 면직되자, 풍환이 힘을 써서 복직시켜
　주었다.

그 恩義가 산보다 중한 줄 비로소 알겠네.
「또 짓다」97)

　운곡이 화답한 시의 내용으로 보아 안부를 묻고 늙지 않고 장수하기를
기원하는 祝壽의 내용이었다. 辛未年(1391)에는 강릉에 있는 同年 崔允河
로부터도 편지를 받았다. 마치 요즈음의 연하장처럼 안부인사를 곁들인
시를 주고받는 일이 관행처럼 이루어졌던 듯하다. 또한 오늘날과 마찬가
지로 손위 어른들을 찾아가 세배한다든가 하는 풍속이 있었음을 알려주
고 있다.

　　4-6)
　　나 어릴 적에 새해를 만나면
　　늘 선배들 따라 돌아다니길 좋아했지.
　　늙은 나이에 젊은 시절 즐거움을 생각하니
　　젊은 시절 기쁨이 늙은 시절 슬픔일세.
　　「1388년 설날」98)

　　4-7)
　　또 봄을 맞이하는 나그네가 되어
　　새벽 알리는 까마귀 소리에 놀라 깨어났네.
　　사람들이 다투어 절하고 하례하며
　　말끝마다 새해 복 많이 받으시라네.
　　「1389년 정월 설날 아침에 두 首」99)

---

97) 『耘谷詩史』 卷3/ 『高麗名賢集』 卷5, 318쪽.
98) 『耘谷詩史』 卷3/ 『高麗名賢集』 卷5, 331쪽.

4-8)
닭소리에 일어나 옷깃 바로잡고 앉으니
북두성은 기울고 새벽 안개 자욱하네.
때 맞춰 손자 아이들이 들어와 세배하니
壯年 시절 내 마음이 뭉클 일어나네.
「1390년 설날」[100]

　사람들이 다투어 절하고 하례하였다고 하였다. 또한 아이들은 즐겁게
몰려다니며 세배하는 풍습은 지금도 여전하다. 그런데 앞서의 시 내용을
보면 '부질없이 장한 뜻 품고 긴 칼을 어루만지며'라고 하는 대목이
나오는데 이는 고기반찬을 둘러싸고 제나라 孟嘗君과 馮驩 사이에 있었
던 이야기이다. 뜻밖에도 운곡은 '주린 창자 달래려고 작은 도시락을
찾네'라고 하는 표현을 쓰고 있다. 고기는커녕 허기를 채우기 위해 광주리
의 밥을 찾았다는 사실은 운곡 자신의 현실적 삶을 보여준 것으로 돌릴
수도 있겠으나 설날이라고 특별히 설음식을 차리지 않았던 당시의 풍속
을 반영한 것일 수도 있겠다.[101]

　[人日]
　중국에서 가장 오래된 세시기인 『荊楚歲時記』[102]에 의하면, 정월

---

99) 『耘谷詩史』 卷4/ 『高麗名賢集』 卷5, 337쪽.
100) 『耘谷詩史』 卷4/ 『高麗名賢集』 卷5, 343쪽.
101) 이는 李穡이 「農桑輯要後序」에서 고려인들의 理生에 관하여 "스스로의
　　씀씀이가 매우 소략하여 貴賤이나 老幼를 막론하고 蔬菜라든가 魚脯에
　　만족할 뿐이다. 멥쌀은 중히 여기면서도 黍稷은 가볍게 여기며 삼베는
　　많으나 솜옷은 적다."고 한 사실과도 부합된다.

1일에서 7일에 이르기까지 닭, 개, 양, 돼지, 소, 말 그리고 사람의 날로
하여 각각 陰晴으로 豊耗를 점쳐 한 해의 길흉을 알아보았다고 한다.
이 날과 관련하여 운곡은 다음과 같이 읊고 있다.

> 4-9)
> 오늘 아침이 人日인데
> 바로 立春 전날일세.
> (중략)
> 비단을 끊는 것은 내 일이 아니라서
> 잘 살고 못 사는 것을 하늘에 맡겼네.
> 출세할 생각은 이미 없어졌지만
> 임금 은혜에 보답하기가 끝내 어렵구나.
> 해가 갈수록 이 마음 잊지 못해
> 부질없이 술항아리를 마주하였네.
> 「1387년 정월 人日」[103]

　　운곡은 "비단을 끊는 것은 내 일이 아니라서 잘 살고 못 사는 것을
하늘에 맡겼네."라고 하였다. 그런데 『荊楚歲時記』에 의하면, 비단을
끊어서 사람 모습을 만들거나 金薄으로 人勝을 만들어 병풍에 붙이거나
머리에 꽂았는데 이는 일종의 부적으로서 신년을 맞이하여 옛 것을

---

102) 원래는 10권이었으나 明代에 현재의 1권으로 종합되었다. 梁나라의
　　宗懍이 6세기경에 지은 『荊楚記』를 7세기 초 隋나라의 杜公瞻이 증보
　　加注하여 『荊楚歲時記』라 하였다. 현존하는 중국 세시기 중에서 가장
　　오래된 것으로 초나라 특유의 세시뿐만 아니라 일반적인 풍습도 기술되
　　어 있다.
103) 「丁卯年人日(二首)」, 『耘谷詩史』 卷3/ 『高麗名賢集』 卷5, 322쪽.

버리고 새로운 것을 따른다는(入新年形容改從新) 중국의 오랜 풍습과도 관련이 있다.[104] 다만 이 시기에는 잘 살기를 기원하는 하나의 징표로서 작용하고 있었음을 알 수 있다.

한편 은둔생활을 하고 있던 운곡은 '출세할 생각은 이미 없어졌지만'이라고 하여 관인으로서의 꿈을 접었던 터이다. 그러나 막상 과거를 버린다는 것은 쉬운 일이 아니었을 것이다. 이러한 자신의 감회를 人日의 풍속과 연관시켜 시로서 읊은 것은 아닐까? 더불어 '부질없이 술항아리를 마주하였네'라고 한 대목에서 술항아리와 人日의 어떤 연관성이 있었을 것으로 생각이 드나[105] 그 정확한 내용은 알 수 없다.

[입춘]

입춘이 되자 운곡은 "늙어가면서 새 달력 보기 두렵고, 병든 뒤에는 舊符를 바꿀 마음도 없네"라고 하였다. 여기서 말하는 '舊符'란 '오래되어 낡은 立春帖'을 말한다. 그러니까 지난 해의 입춘첩이 아직도 그대로 붙여 있었던 것이다.

입춘첩의 유래와 관련하여 『荊楚歲時記』에서는 "입춘날에 모두가

---

104) 이와 관련하여 『高麗史』 기록에 의하면, 人日에 왕이 문무백관의 조하를 받고 人勝祿牌를 하사하는 풍습이 있었다.(『高麗史』 卷19, 世家19 및 同 卷67, 志21, 禮9, 嘉禮, 人日賀儀) 人勝은 부인들의 머리장식품으로 金勝, 銀勝 등의 이름이 있었는데 금색, 은색 혹은 종이로 만들었다. 祿牌는 녹을 받는 사람에게 주는 종이로 만든 표를 말한다.

105) "봄빛이 추위를 무릅쓰고 산 마을에 들어오니 허술한 울타리에 눈이 남아 지난해 자취를 보여 주네. 오늘은 人日이라 뜻이 있으니 억지로 풍습을 따라 술항아리를 대하네." 「7일. 생각나는 대로 읊음」, 『耘谷詩史』 卷5/『高麗名賢集』 卷5, 363쪽.

비단을 잘라 제비를 만들어 (머리에) 꽂고 ‘宜春’ 두 글자를 붙인다.”고 하였다.[106] 立春貼은 ‘立春子’, ‘春聯’이라고도 하는데 그것은 본디 符籍으로서의 효과를 지닌 것이었다. 운곡이 ‘舊符’라고 한 것은 바로 그런 의미였을 것이다.[107] 입춘행사로서 부적을 내건 것은 역시 다가올 새로운 세계에 대한 기대와 함께 두려움을 나타낸 것이다.

> 4-10)
> 봄소식이 추위를 깔보며 살구나무 숲에 들고
> 土牛 다니는 곳에 그윽한 새들이 지저귀는데,
> 玄英[108]이 장난쳐서 하늘에 눈이 가득해지니
> 만물 내려는 句芒의 마음을 애타게 하네.
> 「28일. 立春인데 눈이 내렸다」[109]

『呂氏春秋』 卷1, 孟春紀1, 正月紀 注에 의하면 “句芒은 少皞氏의 裔子로 ‘重佐’라 하여 木德의 帝로서 나중에 죽어서 木官의 神이 되었다.” 하였다. 나무가 본디 구부러지기도 하고 가시도 있으므로 句芒이라고 하였는데 고대에 산림과 나무의 생장을 주관하는 관원의 명칭으로도 알려져 있다.

이처럼 ‘句芒’이 생명을 상징하고 또한 ‘玄英’이 겨울을 뜻하는 것으로 볼 때, 운곡은 春雪이 생명을 내려는 木神의 마음을 애타게 한다고

---

106) “立春之日 悉剪綵爲鷰 以戴之 貼宜春二字.”
107) 『東國歲時記』에 의하면 漢代 儺禮儀式에서 疫疾, 鬼神을 쫓을 때 쓰였던 辟邪文에서 비롯된 것이 입춘날의 부적이 되었다고 하였다.
108) ‘玄英’은 겨울의 別稱.
109) 『耘谷詩史』 卷4/ 『高麗名賢集』 卷5, 350쪽.

생각했던 것이다. 음기와 양기의 拮抗관계 속에서 자연의 섭리를 해석하
고 있는 것이다. 그러니까 봄기운은 이미 동지 이후 서서히 스며들고
있었으나 본격적인 계절의 전환은 춘분을 지나서 시작된다는 것이다.
요컨대 철이 바뀌는 계절의 전환점으로 입춘을 인식하였다. 따라서
진정한 의미의 신년은 봄과 더불어 시작되는 셈이었다.

4-11)
한 간 초가집이 소나무 숲에 닿았는데
문에는 손님 끊어지고 기이한 새들만 있네.
철 바뀌자 놀라는 이 늙은이 위해
난간 가까이서 울어 적막한 마음을 깨뜨리네.
「28일. 立春인데 눈이 내렸다」110)

4-12)
임신년(1392) 광경이 오늘 아침으로 다해
남은 눈과 부드런 바람이 새해와 묵은해를 가름하네.
竹馬 탄 아이들은 때가 차츰 멀어지고
土牛를 맞이한 해는 따스해지기 시작하네.
피어나는 구름은 아름다운 기운을 띠고
지저귀는 새 소리는 좋은 철을 알려주니,
東君 진중한 뜻을 이제 알겠구나.
꽃다운 소식을 초가집 사람에게 먼저 전하다니.
「입춘날 半刺111) 선생에게 드림」112)

---

110)『耘谷詩史』卷4/『高麗名賢集』卷5, 350쪽.
111) 官名. 郡의 屬官인 長史나 通判, 別駕 등을 말함.

여기서 운곡은 바뀐 철을 놀라워하고 있으며 또한 '남은 눈과 부드러운 바람이 새해와 묵은해를 가름하네'라고도 하였다. 남은 눈과 부드러운 바람은 음과 양을 상징한다. 또한 토우, 지저귀는 새소리는 봄철을 상징한다. 운곡은 봄의 상징물을 통해 동군(春神, 태양신)의 진기하고 소중한 뜻을 알 수 있겠다고 하였다.

> 4-13)
> 봄이 화창한 기운을 몰아 동쪽 들판으로 들어오는데
> 오래 살길 비는 사람이 때마침 술자리를 베푸네. (중략)
> 오래 엎드렸던 동물들이 봄 소리에 깨어난 걸 알겠구나.
> 붓 끝에 이따금 도롱뇽이 달리네.
> 「입춘날 牛谷 부부가 음식을 차리다」[113]

운곡은 봄이 해를 따라서 오기 때문에 화창한 기운이 동쪽으로부터 온다고 생각하였다. 장수를 비는 일도 봄에 있었다. 한편 봄이 오면 엎드려있던 동물들이 깨어난다고 생각하였다. 『呂氏春秋』에 따르면, '東風解凍 蟄蟲始振'[114]이라 하였다. 즉 東方은 木이고 木은 火의 모체라고 하였다. 火氣는 따뜻하기 때문에 동풍으로 해동이 된다고 하였다. 움츠러들었던 동물들은 양의 기운을 타고 움직여 소생한다는 것이다. 따라서 생명을 길러 이를 통해 열매를 얻는 농사일도 이때 본격적으로 시작되는 것이다.

---

112) 『耘谷詩史』卷5/『高麗名賢集』卷5, 363쪽.
113) 『耘谷詩史』卷5/『高麗名賢集』卷5, 363쪽.
114) 『呂氏春秋』卷1, 孟春紀1, 正月紀.

4-14)
동쪽 거리에서 봄맞이 제사가 한창이고
土牛도 새벽부터 첫 밭 갈기를 시작하네.
句芒은 監農使[115)를 보지 못하고
사람들이 이름만 훔친다고 비웃으리라.

土牛는 원래 흙으로 만든 소로서, 農耕을 권장하기 위해 만든 제도였다. 그 뒤에는 '春牛'라는 뜻으로 썼다. 『呂氏春秋』卷12, 季冬紀12, 12月紀에 "土牛를 내서 寒氣를 보낸다."고 하였는데, 그 注에 "土牛를 내라고 鄕縣에 명하여, 입춘날이 되면 토우로 동문 밖에서 밭을 갈게 권하였다." 고 하였다.

한편 이 무렵 '봄맞이제사(迎春祀)'가 동쪽거리에서 이루어졌다고 하였다. 입춘날에 봄맞이제사가 있었다는 사실은 지금까지 알려져 있지 않은 일이다. 그러나 중앙에서도 입춘과 입추에 풍년을 기원하는 제사가 있었던 사실을 생각하면 지방에서도 監農使 주도하에 비슷한 의식이 있었음을 추측할 수 있다.

2) 삼월

[삼짇날]

삼짇날은 三月 三日 즉 '三'의 '陽'이 겹친다는 의미인데 '삼질'이라고도 하며, '重三' '上巳' '元巳' '上除' '踏靑節'이라고도 불렀다. 운곡은 이 날

---

115) 농사일을 감독하는 일을 맡은 벼슬아치. 『經國大典』에는 內侍府 직명의 하나로 규정하고 있음.

행사와 관련하여 다음과 같은 내용의 시를 읊고 있다.

    5-1)
    숲이 파래지면서 봄 단장을 하고
    맑은 구름 가벼운 바람에 하늘도 새로워지네.
    中原의 이 시절을 멀리서 생각하니
    물가에 풀 밟는 사람이 얼마나 모였을까.
    「3월 上巳日. 느낌이 있어 元[116) 少卿[117)에게 부침」[118)

  운곡은 "中原의 이 시절을 멀리서 생각하니 물가에 풀 밟는 사람이
얼마나 모였을까."라고 하였다. 중국에서 시작된 풍속임을 암시하는
이 말[119)은 이른바 '踏靑'[120)으로 새 봄을 맞이하여 파릇파릇하게 난
풀을 밟는다는 것으로 아마도 그 원형은 '流觴曲水'[121) 혹은 '拔除歲穢'[122)

---

116) 元立.

117) 고려시대 태상시·전중성·위위시·태복시·예빈시·대부시 등에 두
    었던 종4품 벼슬.

118) 『耘谷詩史』卷3/『高麗名賢集』卷5, 322쪽.

119) '中原'은 충주를 가리키기도 하지만 여기서는 중국을 지칭하는 것으로
    해석된다.

120) 蘇轍의 「踏靑詩序」에 의하면, "眉東門 10여 리 밖에 墓頤山이 있는데,
    그 위에 소나무와 대나무 정자가 있으며, 아래로는 큰 강을 굽어보는
    곳이다. 해마다 정월 인일(人日, 정월 7일)에 남녀들이 그 위에 모여서
    즐겁게 놀며 술을 마시는데, 이것을 '踏靑'이라고 한다." 한겨울 동안
    집안에만 갇혀 지내던 사람들이 따뜻한 봄이 시작되자 들판으로 놀러
    나와서 풀을 밟는 풍속인데, 꼭 인일뿐만 아니라 2월 2일을 '踏靑節'이라고
    도 했으며, 3월 3일에 답청을 하기도 했다.

121) 『荊楚歲時記』에 의하면 3월 3일에 四民이 모두 강가 혹은 연못으로

의 풍속과 관련이 있지 않은가 생각된다. 봄맞이 행사였으므로 踏靑
뿐만 아니라 꽃구경도 병행되었다.

5-2)
백년 동안 잘 살건 못 살건 한낱 꿈인데
거울 속에 더 늙어졌다고 슬퍼하지 말게나.
그대여! 모름지기 꽃구경 약속을 만들지니
한 고을에 마음 같은 이가 몇 사람 되지 않는다네.
「3월 上巳日. 느낌이 있어 元 少卿에게 부침」[123]

　이 시절에 꽃구경은 나중에 나오는 바와 같이 주로 복사꽃이라든가
버들가지 혹은 진달래 같은 종류로 생각되는데 복사꽃은 '拔除歲穢'와
연관이 있는 것으로 볼 수도 있겠다. 아울러 봄을 느낄 수 있는 계절음식도
등장하였는데 운곡은 이를 '푸른 떡'이라고 하였다.

5-3)
옅은 연기와 가벼운 바람에 하늘 기운이 맑아
붉은 복사꽃 푸른 버들 속에서 새가 봄을 부르네.

나가 淸流 곁에서 流觴曲水하면서 노는 날이라고 하였다. '流觴曲水'란
굽어서 꺾여 흐르는 물에 술잔을 띄워 그 잔이 자기 앞에 오기 전에
詩를 짓는 일을 말하는데 신라 때의 포석정이 개념상 이와 유사하다.
122) 『荊楚歲時記』는 溱, 洧江이 흐르는데 남녀(士女) 云云하는 「韓詩」를 인용
　　하면서 그 注에서 '謂今三月 桃花水下 以招魂續魄 拔除歲穢'라 하였고,
　　「周禮」를 인용하여 '女巫歲時 拔除釁浴'이라 하였는데 鄭注를 통해 '今三
　　月上巳水上之類'라 하였다.
123) 『耘谷詩史』卷3/『高麗名賢集』卷5, 322쪽.

(중략)
상에 가득한 푸른 떡이 새 맛을 알게 해주니
이웃 가까이 사는 아이들이 무척 기쁘구나.
「삼월 삼짇날. 생각나는 대로 읊음」[124)]

상에 가득하다는 표현으로 보아 여러 가지 떡이 있었을 법하다.『東國歲時記』에 의하면 이 날 花煎, 花麵, 水麵을 시절 음식으로 만들어 제사상에도 올린다고 하였는데, 특히 진달래꽃을 따다가 찹쌀가루에 반죽을 하여 둥근 떡을 만들고 그것을 기름에 지진 것을 花煎이라고 하였다. 당시 아이들이 특히 좋아했던 음식이었던 것 같다.

  [청명]
  청명은 춘분과 곡우 사이에 있는 절기로 대체로 한식의 하루 전날이거나 때로는 같은 날이 된다.『東國歲時記』에서는 "대궐에서 느릅나무와 버드나무에 불을 일으켜 각 관청에 나누어주는데, 이것은 중국의 주나라 이래 당나라, 송나라에서도 행하여지던 예로부터의 제도이다."라고 하였다.
  청명을 맞이하여 "때 맞춰 내리는 비가 사사로운 마음 없어 온갖 풀과 꽃들이 저마다 한때를 만났네."라고 하였다. 이날 그는 새로 걸른 술을 마셨다.

    5-4)
    牛谷 아이가 오면서 北巒[125)]을 거쳤는데

---

124)『耘谷詩史』卷5/『高麗名賢集』卷5, 364쪽.

새로 걸른 술에다 안주까지 소반에다 차렸네.
빗속에 마시는 것도 자못 괜찮아
늙은이의 마른 혀를 부드럽게 적셔 주네.126)
「淸明日. 비속에 생각나는 대로 읊음」127)

여기에 언급된 술이 어떤 종류의 것인지는 확실치 않다. 다만 오늘날
충주에는 '中原淸明酒'라는 것이 전해지고 있는데,128) 아마도 당시에는
흔히 마시던 일종의 季節酒가 아니었나 싶다. 또한 충주는 지역적으로도
원주와 가깝다는 점으로 보아 비슷한 종류의 술이 아닌가 생각된다.

[한식]

『東國歲時記』에 의하면, 설날·한식·단오·추석에는 산소에 올라
가 제사를 올리는 것으로 설명하고 있다. 그 중에서도 한식과 추석이
성하여 교외에 남녀들이 줄을 지어 끊이지 않았다고 하였다.『운곡시사』
에는 운곡이 한식날 교외에서 지낸 일을 기록하고 있다.

---

125) 북쪽 언덕을 뜻하는데, 정확한 것은 알 수 없다.

126) "牛谷兒來過北巒 新篘醶釀鴈橫盤 雨中酬酢殊無害 軟飽仍沾老舌乾."

127) 『耘谷詩史』卷5/『高麗名賢集』卷5, 372쪽.

128) 충주시 가금면 창동리에 사는 김해김씨 문중의 『향전록』에 의하면,
남한강 유역 바닥 지하의 수살매기물에 순찹쌀과 재래종 통밀로 만든
누룩을 써서 저온에서 약 100일 동안 발효 숙성시켜 빚는다고 기록되어
있다. 조선시대 이전부터 빚어진 것으로 추정되며, 알코올 농도가 높고
색과 향, 맛이 뛰어나 궁중의 진상주였으며 사대부 집안에서는 귀한
손님 접대용으로 사용되었다.

5-5)
마을이 멀어 술병 찬 사람도 없는데
숲 너머 산새들은 제멋대로 부르네.
비 개인 뒤 풀빛이 솔길에 이어져
봄빛이 자리 모퉁이 비추는 것을 보고 깜짝 놀랐네.
「郊居에서 맞이한 寒食」129)

5-6)
아름다운 이 계절을 맘껏 즐겨야지
아름다운 이 계절을 놓치면 안 되네.
가는 곳마다 이름난 동산이 있어
철 따라 나는 산물(節物)에 깜짝 놀랍네.
꽃이 피려다 미처 못 피고
얼핏 따스하다가 어느새 추워지네.
성을 에워싼 사람이 얼마나 될까
준마들도 모두 한가롭게 나왔네.
「봄날 교외의 한식날」130)

한식날은 동지를 지나 백 오일이 되는 날이라, 봄빛이 따사롭기는
하나 아직 추위가 완전히 가시지 않은 듯 꽃이 미처 피지도 못하고
움츠러들기도 하였다. 여기서 교외라고 하는 것은 운곡이 사는 거처를
중심으로 해석된다. 마을이 멀다거나 성 바깥이라고도 한 점으로 보아
그렇다.

---

129) 『耘谷詩史』卷2/ 『高麗名賢集』卷5, 311쪽.
130) 『耘谷詩史』卷4/ 『高麗名賢集』卷5, 340쪽.

내용으로 보아 한식날에 빈천을 막론하고 많은 사람들이 교외 즉 성밖에 나와서 지냈던 것으로 보인다. 그러나 왜 이렇게 밖에 나와서 지냈는지에 대한 설명은 없다. 다만 아름다운 계절을 놓치지 말고 즐겨야 한다는 표현으로 보아 주로 '踏靑'의 모습으로 생각된다. 그렇다면 교외에서 제사를 지내고 들에서 봄맞이 답청행사를 한 것일까? 寒食이 지난 어느 날 운곡은 다음과 같은 시를 남기고 있다.

5-7)
올 한 해 봄일이 어떻게 되었나.
절반이나 지났건만 추위가 가시지 않네.
寒食 뒤라서 바람과 비가 어지럽고
몸이 늙어서 詩와 書도 잘 안되네.
시름겨운 허파를 씻으려고 촌 술을 사 마시고
주린 창자를 달래느라 들나물을 캐왔네.
낮잠에서 깨어났더니 처마에 낙숫물도 그쳐
조각 구름만 저 멀리 살구꽃 언덕에 떠있네.
「스스로 읊음」[131]

이 무렵 농사일은 이미 본격적으로 시작되었으나 아직도 추위가 가시지 않았음을 말한 것이다. 운곡은 주린 창자를 달래느라 들나물을 캐왔다고 하였다. 『동국세시기』는 한식날에 술·과일·포·식혜·국수·탕·적 등의 음식으로 제사 드린다고 하였다. 그렇다면 제사음식이라도 남았어야 하는 것이 아닌지 모르겠다. 그러나 위 표현은 앞서의 설날의

---

131) 『耘谷詩史』 卷5/ 『高麗名賢集』 卷5, 374쪽.

경우와 마찬가지로 빈궁한 모습을 보여주며 따라서 비록 한식날이라고
하더라도 특별히 음식을 만들지는 않았을 가능성을 보여준다고 하겠다.

[곡우]

　곡우가 지나면 녹음이 우거지고 어느새 여름 뜻이 움직인다고 하였다.
계절의 빠른 변화를 운곡은 인생에 비유하여 사람이 늙는 것에 비유하였
다.

　5-8)
　穀雨가 기름을 보탠 뒤에
　훈훈한 바람이 뜻을 내기 시작해,
　이제부터 녹음이 우거지고
　아름다운 꽃들이 벌써 드물어지네.
　(중략)
　사람은 늙고 석 달 봄은 저무는데
　꾀꼴새 울면서 사월이 시작되네.
　산들바람에 버들개지 흩날리고
　보슬비에 연기 맑아라.
　만물을 살펴보며 盛衰를 느끼고
　마음을 다잡아 거두고 펼 줄을 아니,
　인생 백년에 천 가지 변하는 일들이
　결국은 한 줌 흙으로 돌아간다네.

3) 사월

[초파일]

『東國歲時記』는 『고려사』 기록을 인용하여 "우리나라 풍속에 4월 8일이 석가의 탄신일이므로 집집에서 연등을 한다. 이날이 되기 수십일 전부터 여러 아이들은 종이를 잘라 등대에 매달아 깃발을 만들고 성 안의 거리를 두루 돌아다니면서 쌀이나 돈을 구하여 비용으로 쓰니 이를 呼旗라 한다."라고 하면서 지금의 풍속은 그 遺風이라고 하였다. 그리고 이를 崔怡가 시작한 것이라고 덧붙이고 있다. 그러나 『운곡시사』 에는 이와 관련된 기록은 없고 다만 절에 가서 관등놀이했다는 정도의 기록만 나타난다.

6-1)
푸른 하늘에 장대 하나를 높이 세우고
찬란한 구슬들이 하늘 한가운데 걸렸네.
하나하나 변하여 끝없는 불꽃 이루니
다함없는 그 빛이 三千 세계를 비추네.

十方 부처님과 스님께 두루 공양하는
그 많은 복을 다 헤아리기 어렵네.
밤이 깊어갈수록 더욱 찬란해지니
이즈러진 달과 성긴 별들이 광명을 사양하네.

남은 빛이 鐵圍山까지 비치고
아득히 어둡던 거리에 새벽이 밝아오네.

이제부터 공덕의 바다가 더욱 깊어지리니
인간 세상 재앙을 다 씻어 버릴진저.
「4월 8일 저녁 靈泉寺[132]에서 觀燈놀이를 하다」[133]

4) 오월

[단오]

단오는 음력 5월 5일로 天中節이라고도 했다.[134] 중국에서는 重午·重
五·端陽·五月節이라고도 한다. 단오는 初五의 뜻으로 5월의 첫째
말(午)의 날을 말한다. 음력으로 5월은 午月에 해당하며 홀수의 달과
날이 같은 수로 겹치는 것을 중요시한 데서 5월 5일을 명절날로 하였다.
이 날은 성묘행사가 이루어지는 날이기도 했다.

7-1)
경건한 마음으로 석 잔 술 따르고 무덤에 절하니
무덤 위의 구름 그림자가 슬픔을 불러일으키네.
黃泉에 소식 전할 길도 없으니
답답한 마음이 길고도 기네.

해마다 세 번씩 여기 왔건만
오늘 시름은 예전보다 더하네.
立身揚名 못하고 흰머리 되었으니

---

132) 강원도 원주시 치악산에 있는 절.
133) 『耘谷詩史』卷5/『高麗名賢集』卷5, 354쪽.
134) "天中佳節興偏長", 『耘谷詩史』卷4, 「端午. 贈氷亭弟(五首)」.

처음부터 끝까지 불효한 내 마음 시름겹구나.
「단오날. 先塋에 참배하다」[135)]

운곡은 고인에 대한 석 잔 술을 따르고 무덤에 절하였다. 유교식 예법에 따른 것이라 생각된다. 그는 해마다 세 번씩 여기에 왔다고 했다. 그러니까 단오, 추석 그리고 설 아니면 한식날일텐데, 앞서의 상황으로 판단하건대 한식날이 아니었을까? 한편 운곡은 단오날의 풍속으로 쑥사람과 창포술에 관해 언급하고 있다.

7-2)
바람 따뜻하고 날씨는 청명한데
집집마다 문 위에 쑥사람을 걸어 놓았네.
창포 술 한 항아리 마주 앉으니
난초 물가에 홀로 깨었던 신하가[136)] 우습구나.
「단오날」[137)]

쑥사람(艾人)이란 단오날 문 위에 걸어 요사스럽고 나쁜 기운을 쫓는다는 쑥으로 만든 인형을 말한다. 『荊楚歲時記』에 의하면 "荊·楚 사람들은 5월 5일에 온갖 풀들을 함께 밟고, 쑥을 뜯어서 사람 모습을 만들어 문 위에 걸어두며 독기를 물리친다."고 하였다. 중국 남부지방의 五月은

---

135) 『耘谷詩史』 卷5/ 『高麗名賢集』 卷5, 354쪽.
136) 蘭渚獨酷臣 : 戰國時代 楚나라의 충신으로서 물에 빠져 죽은 屈原을 일컬음. "온 세상이 모두 흐린데 나 혼자만 맑고, 나 혼자만 깨었네. 그래서 쫓겨났다네." 屈原, 「漁父辭」.
137) 『耘谷詩史』 卷2/ 『高麗名賢集』 卷5, 299쪽.

속칭 惡月이라 하여 금기가 많았다. 이는 이 무렵부터 비가 많이 오고 질병이 도는 등 액으로 간주될 수 있는 사안이 많았기 때문이다. 단오에는 약초를 캐고, 재액을 예방하기 위하여 쑥으로 만든 인형·호랑이를 문에 걸었으며, 菖蒲酒·雄黃酒를 마셨다. 바로 이러한 유형의 풍속은 고려사회에도 있었던 것으로 보인다.

> 7-3)
> 산 속 서재에 고요히 앉았노라니 해가 참으로 길건만
> 한 잔 창포 술에는 향기가 남았네.
> 고을 사람들의 풍악 소리가 귀에 들리니
> 조상님 끼친 풍속이 우리 고향에 있네.
>
> 잠 깨고 나니 시 생각이 더욱 그리운데
> 차 항아리 향기로우니 더욱 기뻐라.
> 내 평생 몇 번째 단오날인가 손 꼽아보니
> 비단옷 한 번 못 입고 시골에서 늙었네.
> 「단오날. 氷亭 아우에게」138)

시의 내용을 보면 술뿐만 아니라 菖蒲茶도 있었던 것 같다. 그런데 고려에서는 단오를 특별히 수릿날이라고도 했다. 이를테면 달거리 형식의 고려 속요인 「動動」에 의하면 5월은 수릿날이라고 하였다.139) 특히 주목되는 것은 공동체(州郡)를 통해서 하나의 축제처럼 움직였다는 사실

---

138) 『耘谷詩史』 卷4/ 『高麗名賢集』 卷5, 339쪽.
139) "五月五日에 아으 수릿날 아침 藥은 천해 長存하실 藥이라 받잡노이다 아으 動動다리."

이다. 운곡은 이것을 조상들이 남긴 성스런 풍속(郡人鼓樂聲來耳 祖聖遺風在我鄕)이라고 하였다. 그러나 그것이 과연 정확히 어떤 모습이었는지는 설명하고 있지 않다. 다만 분명한 것은 역성혁명의 와중에서 국가에 의해 금지되고 있었다는 것이다.

7-4)
신라에서는 이 날을 수리(車)라 불렀는데
州郡마다 풍속이 한결 같지 않았다
이 고을에선 올해 들어 옛 풍속을 없앴으니
왕가의 오랜 은택 그 여파가 끊어졌네.

지난해 東樓에서 풍악 볼 적엔
관리들의 술자리가 어지러웠지.
오늘 이 집 문에는 사람 발자취 적막하니
정 머금고 괴롭게 鄭遨頭[140]를 생각하네.

天中佳節이 바로 오늘 아침인데
어느 곳 樓臺이고 모두 쓸쓸하네.
홀로 쑥사람을[141] 마주해 한바탕 웃노라니

---

140) 遨頭는 놀이의 우두머리. 四川省 成都의 풍속에, 4월에 온 성중 사람들이 나와서 놀이를 할 때 太守도 같이 노는데, 이때 놀이의 우두머리를 오두라고 함.
141) 艾翁 : 艾人을 말함. 단오날 문 위에 걸어 요사스럽고 나쁜 기운을 쫓는다는 쑥으로 만든 인형. "荊・楚 사람들은 5월 5일에 온갖 풀들을 함께 밟고, 쑥을 뜯어서 사람 모습을 만들어 문 위에 걸어 두며 독기를 물리친다."(『荊楚歲時記』)

문 지키는 효험을 칭찬할 만하네.

새 법에 따라 고을 백성들을 보살피려는데
노여움 풀 훈훈한 바람은 없나.
놀음에서 이미 누른빛 日傘을 금하니
난리를 피하려면 으레 赤靈符를 차야 하리라.
「고을 풍속에 놀음을 벌릴 때에는 언제나 누른빛 일산을 썼으며,
옛사람의 말에 의하면 "5월 5일(단오날)에는 赤靈符를 찼다"고 한다.
난리를 피하기 위해서였다고 한다.」(단오날 우연히 읊음)[142]

위 시는 '端午偶吟'이라는 주제의 단오에 관한 기록이다. 그런데 같은
해에는 '改新國號爲朝鮮'의 커다란 역사적 사건도 있었다.[143] 이와 관련
하여 몇 가지 주목되는 점이 있는 바 이를 정리해 보면 다음과 같다.

첫째, 신라에서는 단오날을 '車(수릿날)'로 불렀다.
둘째, 단오풍속은 州郡마다 내용이 서로 같지 않았다.
셋째, 수릿날의 놀음(伎會)에서는 官民이 한데 어울리는 가운데 遨頭
가 있었으며 언제나 黃盖를 받들어 사용했다.
넷째, 수레에 黃盖를 꽂는 것은 허리에 赤靈符를 차는 것과 같았다.
끝으로, 이 무렵 국가(朝鮮)는 법령으로 黃盖 사용을 못하게 하는
등 옛 풍속을 금했다.

---

142) 『耘谷詩史』 卷5/ 『高麗名賢集』 卷5, 365쪽.
143) "國號를 새로 고쳐 朝鮮이라 하였다." 『耘谷詩史』 卷5/ 『高麗名賢集』
卷5, 365쪽.

여기서 '赤靈符'란 난리를 피하기 위한 부적으로『荊楚歲時記』에 의하면 五兵을 물리치기 위한 방편으로 만든다고 하였다. 운곡이 "놀음에서 이미 누른빛 日傘을 금하니 난리를 피하려면 으레 적령부를 차야 하리라."라고 한 것은 새로운 국가인 조선왕조의 조치에 대한 일종의 비아냥처럼 보인다. 그가 舊風을 祖上의 聖스런 遺風이라고 했던 것과 비견되는 내용이다.『동국세시기』에 의하면, 단오를 속된 이름으로 수릿날(戌衣日)이라 한다. 戌衣란 것은 우리나라 말의 수레라고 하였다. 이날 쑥잎을 따다가 짓이겨 멥쌀가루 속에 넣고 녹색이 나도록 반죽을 하여 수레바퀴 모양으로 떡을 만들어 먹는다. 그러므로 수렛날(술의날)이라고 한다는 것이다. 그러나『운곡시사』에서 운곡이 언급한 내용을 종합해 보면 원래는 그렇지 않았던 것으로 판단된다.

　수릿날 풍속에서 伎會에 등장하는 수레(車)는 상징적인 것이었다. 일종의 퍼포먼스(Performance)가 아니었나 생각된다. 삼국시기에도 수레는 군사용, 운반용, 농사용 등으로 사용되었다. 수레에 뚜껑을 덮었다면 車駕를 연상시킨다. 특히 黃盖라면 이는 범상치 않은 것으로 볼 수 있는 바 이를테면 황제의 권위를 상징할 수도 있다. 고려는 일찍이 '海東天子'라 하여 황제국으로서의 자부심을 가진 나라였다. 그렇다면 '遨頭'를 중심으로 관민이 하나로 되어 펼쳐진 퍼포먼스야말로 자긍심의 표현이 아닐 수 없다. 그래서 운곡은 이를 조상의 성스런 유풍이라고 했던 것은 아닐까?

　추측컨대 신라 이래로 수릿날 풍속이 있어서 伎會에 수레가 등장했던 것으로 생각된다. 그리고 그것은 농사와 관련이 있었던 것으로 보이는 바 신라의 많은 풍속은 그대로 고려에도 대부분 전해졌다. 그러나 팔관회가 그렇듯이 어느 시점에 그 내용과 형식에 변화가 있었던 것이다. 黃盖도 그러한 변화 속에서 등장한 것은 아닐까 한다. 그렇다면 새 왕조에서는 왜 이를 금지시켰을까? 필자의 판단으로는 명나라와의 관계를 중시하고 있던 당시 국가(조선왕조)의 사대정책과 충돌했기 때문이 아니었나 생각된다. 이 시기 復飾을 중심으로 고려의 풍속을 개변시키려는 조처가 있었음[144]은 그러한 방증이다.

5) 유월

[소서]

운곡은 병이 나자 집에서 절간 廢庵子로 避接하였다. 이때 그는 小暑를 맞았는데 다시 遷居할 요량을 하면서 당시의 심정을 이렇게 읊고 있다.

8-1)
이월 봄바람에 병상에 누워
여름 늦도록 아직 강건해지지 않았네.
눈 어둡고 귀 멍멍해 미친 개 같고
다리 지치고 정신 피곤해 절름발이 염소 같네.
산 속 낡은 암자에서 小暑를 지내니
창 서쪽 늙은 나무가 서늘한 바람을 보내 주네.
더위 피하는 소나무 그늘 아래

---

144) "조정이 황제의 명령을 받들어 의관제도를 바꿔야 한다니, 높건 낮건, 귀하건 천하건 中夏 사람이지 東夷가 아닐세. 예법과 제도가 이미 이러한데 정치와 교화는 왜 베풀지 않나. 백성들 살림은 더욱 쓸쓸해져." 「동짓날. 감회를 쓰다」, 『耘谷詩史』 卷3/『高麗名賢集』 卷5, 330쪽.

누가 술 한 항아리를 마련해 주려나.

「내가 2월 하순에 병을 얻어 3월 그믐에 무너져 가는 無盡寺에 옮겨와
서 여름 두 달을 지냈으니, 날짜는 5월 24일이고 철은 유월이다. 이제
거처를 옮기면서 시 한 수를 쓴다」[145]

6) 칠월

[칠석]

『東國歲時記』에 의하면 칠석날 인가에서는 옷을 햇볕에 말리는데
이는 옛날 풍속이라고 했다. 별다른 행사가 있었던 것은 아닌 듯하다.
견우와 직녀가 만나는 칠석날 이야기는 동양 3국에 퍼져있는 이야기이
다.[146] 운곡은 이를 다음과 같이 표현했다.

9-1)
牽牛 織女 오래 못 만났다고 아쉬워 말게나.
이날의 약속만은 만고에 끝이 없네.
달나라 궁전 구름 누각에서 만나
금북과 옥가마를 함께 멈추었네.
구슬 계단 밤빛은 즐거움을 바치는데
은하수 새벽빛은 이별을 재촉하니,

---

145) 『耘谷詩史』卷3/『高麗名賢集』卷5, 332쪽.
146) 은하수 동쪽에 織女가 살았는데, 天帝의 딸이었다. (직녀는) 해마다
   힘들여 베를 짜서, 무지개 무늬의 비단 天衣를 만들었다. 천제는 그가
   혼자 사는 것을 가엽게 여겨, 은하수 서쪽의 牽牛에게 시집보냈다. 직녀는
   시집간 뒤에 베짜기를 그만두어, 천제가 노여워했다. 은하수 동쪽으로
   돌아가게 한 뒤에, 1년에 한 번만 서로 만나게 했다.(『荊楚歲時記』)

실 꺼내어 바늘 꿴 사람이 그 얼마던가
맑은 길 쳐다보며 다시금 기뻐하네.
「칠석」147)

운곡은 "실 꺼내어 바늘 꿴 사람이 그 얼마던가 맑은 길 쳐다보며
다시금 기뻐하네."라고 하였다. 이는 이른바 '乞巧'라는 행사에 관한
일을 염두에 둔 것이다. 이는 칠석날 밤에 부녀자가 견우와 직녀 두
별에게 길쌈과 바느질 솜씨가 늘기를 기원하는 제사였다. 이 날 저녁
人家의 부녀자들이 실이 고운 彩樓로 매듭을 지어 七孔針을 뚫어 놓거나
금, 은, 구리 광석으로 바늘을 만들어 상위에 진열해 놓고 술, 肉脯
그리고 과일을 마당에 내놓고 乞巧 즉 훌륭한 女功(길쌈기술)을 구하되
납거미가 오이 위에 거미줄을 쳐 놓으면 소원을 들어준 것이라고 기뻐한
다는 것이다.148)

9-2)
누구네 집에서 乞巧하여 吉祥을 얻으려나.
이슬 꽃이 막 내려 밤이면 서늘해지네.
옹졸한 사내라서 시속을 따르지 못해
부질없이 韓文公의 七字章을 읊조리네.
「7월 7일 칠석. 생각나는 대로 읊음」149)

147) 『耘谷詩史』 卷1/ 『高麗名賢集』 卷5, 281쪽.
148) 『荊楚歲時記』.
149) 『耘谷詩史』 卷5/ 『高麗名賢集』 卷5, 368쪽.

운곡 스스로 옹졸한 사내라서 時俗을 따르지 못한다는 내용으로 보아 당시에는 이와 같은 풍속이 상당히 일반화되어 있었던 것으로 보인다. 길쌈기술은 고대사회 이래로 농경과 더불어 농가소득의 주요 원천이었다. 그러나 木棉의 등장 이후 생산성 증가로 인해 女功의 의미는 상당 부분 쇠퇴한 것이 아닌가 한다. 『東國歲時記』에 그러한 풍속에 대한 언급이 없는 점은 바로 그러한 때문이 아니었을까? 아래의 시에서도 볼 수 있는바와 같이 몸이 아플 경우 삼베옷은 뼈가 쓰라릴 정도로 추웠다. 그러나 삼베 이외에 마땅한 옷감소재가 없었으므로 여공의 중요성이 더하였던 것이 아닌가 생각된다.

9-3)
삼베옷으로 가을 맞기가 정말 겁나니
병든 뼈는 쓰라리고 머리는 희어졌네.
「7월 7일」[150]

[입추]
가을의 문턱인 입추에 들어서면서 운곡은 다음과 같은 시를 읊고 있다.

9-4)
여름이 다하고 가을이 왔는데도 초가집에 누워
한 해 농사가 어떤지 물어보았네.
사람들 말로는 "이랑마다 鶴을 깊이 감췄다"지만

---

150) 『耘谷詩史』 卷3/ 『高麗名賢集』 卷5, 335쪽.

나는 "집집마다 고기를 꿈꿨다"고 생각하네.

(중략)

어제는 서풍151)이 뜨락 나무에 들더니

작은 평상에 가을 생각이 더욱 쓸쓸하네.

학은 십장생으로 장수를 상징한다. 가을 수확기를 맞이하여 당시 사람들은 이랑마다 학을 감췄다고 했으나 운곡은 풍요를 바라는 농민의 마음을 학이 아닌 물고기로 상징하고 싶다고 했다.

7) 팔월

[추석]

『東國歲時記』에 의하면 우리나라 풍속에서 팔월 보름은 '秋夕' 또는 '가배'라 하여 신라에서 비롯된 풍속이라고 하였다. 즉 신라 유리왕 때 六部를 둘로 편을 갈라 베짜기 내기를 한 데서 유래되었다는 것이다. 시골 농촌에서는 가장 중요한 명절로 삼는다고 하였다. 운곡은 이 날 돌아가신 부모님 묘소에 가서 성묘하였다.

10-1)

십 년 동안 아이 적 마음으로 이 언덕에 있었네.

올 때마다 석 잔 술에 한결같이 슬펐네.

(중략)

아버지 어머니 다 돌아가셨는데 형마저 왜 떠나셨나

---

151) '西'는 陰의 상징.

시름겹고 시름겨운데 또 시름이 닥치네.
「추석날 先塋에 참배함」[152]

10-2)
사실 때 같은 마음이더니 돌아가셔도 같은 언덕이라
같은 마음 서로 비춰 달 밝은 가을일세.
형제들이 줄 지어 같이 절하니
저승에서도 우리와 함께 기뻐하시겠지.
[(어머님 무덤) 옆에 叔母 元夫人[153] 무덤이 있어, 어머니의 자손들이
명절(明旦) 때마다 이곳에서 같이 제사를 드린다. 그래서 이렇게 말했
다.]
「한가윗날. 어머님 무덤(慈塋)에 절하고」[154]

여기서 어머니의 자손이란 사촌 형제들을 지칭한다. 운곡은 이들을
同流라고 하였다. 이 날 운곡이 사는 마을에서도 행사가 있었다. 이
날 둥근 달이 산꼭대기에서 쟁반같이 떠오르면 동네사람들이 여기저기
서 피리 불고 노래하였으며 다투어 춤추었다고 하였다.

10-3)
한가위 날씨가 차츰 맑고 서늘해져
저녁 되면 뜨락 가지에 흰 이슬이 엉기네.
구름은 하늘 한가운데서 구슬 잎을 거두고

---

152) 『耘谷詩史』 卷2/ 『高麗名賢集』 卷5, 315쪽.
153) 생몰년 미상.
154) 『耘谷詩史』 卷5/ 『高麗名賢集』 卷5, 355쪽.

달은 산꼭대기서 은 쟁반으로 솟아오르네.
피리와 노래 소리 곳곳에 들리고 사람들은 다투어 춤추고
시를 읊조리며 나 혼자 달을 보네.
적막한 곳이건 번화한 곳이건 한 가지 빛이니
어찌 사사로운 뜻이 감히 끼어들랴.
「한가위 달」[155]

[석전제]

『고려사』 기록에 의하면 釋奠日은 文廟에서 지내는 큰 제사로 날짜는
매년 2월(仲春)과 8월(仲秋) 첫 정일(上丁)로 정한다고 하였다.[156] 성종
8년에 宋으로부터 文宣王廟圖가 수입[157]된 이래 당시 중앙에서 뿐만
아니라 지방의 鄕學에도 문묘가 설치된 것으로 보인다. 『운곡시사』에는
여말에 鄕學에서도 釋奠祭가 치러졌음을 알려준다.

10-4)
내 들으니 토산 고을에
거문고 타고 노래 부르는 소리가[158] 예전보다 더해,
德은 풀 위의 바람 같고
정치는 시내에 비추는 달 같다네.

---

155) 『耘谷詩史』 卷5/『高麗名賢集』 卷5, 355쪽.
156) 『高麗史』 卷62, 志16, 禮4, 吉禮中祀, 文宣王廟.
157) "甲子 博士任老成至自宋 獻大廟堂圖一鋪 幷記一卷社稷堂圖一鋪 幷記一卷
    文宣王廟圖一鋪 祭器圖一卷 七十二賢贊記一卷." 『高麗史』 卷3, 世家3, 成宗
    2년 여름 5월.
158) 태평을 구가함을 말한다. 『論語』 卷17, 「陽貨」.

감화된 사람이 얼마나 많기에
그 이름 일컫는 자(稱名者)가 만이 되고 천이 되었나.
생각건대 시비 밝히려는 송사가 적어졌으니
정원에 푸른 풀만 가득하리라.

옛 고을에 풍속을 바꾸는 날이고
여러 서생들이 배우길 좋아하는 해일세.
盛典[159]을 일으키는데 어려움 없으리니
흐르는 시냇물처럼 쉬지 않으리.
평소의 뜻이 항상 한결같으니
푸른 옷깃 선비들이 반드시 천은 되리라.
文宣王의 도가 크기도 하니
이제부터 끝없이 이어지리라.
「兎山 수령이 보여준 시에 차운함(이때 군수가 鄕學을 중수하고
釋奠祭를 지내는데 여러분이 시를 지었다)」[160]

운곡은 유교를 통해 교화됨으로써 송사가 줄었다고 하면서 釋奠日은
이처럼 풍속을 바꾸는 날이라고 했다.

8) 구월~시월

[중양절]

重陽節은 重九라고도 한다. 9는 원래 陽數이기 때문에 양수가 겹쳤다는

---

159) 성대한 式典.
160) 『耘谷詩史』 卷5/『高麗名賢集』 卷5, 358쪽.

뜻으로 중양이라 한다. 『운곡시사』에는 耘谷이 重陽節에 즈음하여 집안에 핀 국화를 따다가 술을 담가 마셨다는 내용이 있다.

11-1)
동쪽 울타리에 두어 떨기 국화가
중양절(重陽)을 기다리지 않고 피었기에,
아이를 불러 한 송이 꺾어다가
며느리 시켜 새 술을 거르게 했네.
이때부터 항아리 속의 물건이
맑은 향내를 내 술잔에 풍기게 하니,
혼자 술잔 들고 혼자 시를 읊으며
그윽한 정을 내 스스로 달래기 어려웠네.
「9월 5일. 손님과 함께 술 한잔 나누면서」[161]

『荊楚歲時記』에 의하면 漢代 이래 宋에 이르기까지 四民이 들에서 飮宴을 베풀었다고 하였다. 특히 北人(북중국)들이 이 날을 중시하였는데 茱萸나무 열매를 머리에 꽂고 음식을 먹으며 菊花酒를 마시면 邪氣가 달아난다고 생각하였다는 것이다. 운곡의 시에는 이처럼 연회를 베푸는 장면이 묘사되고 있다. 당시에는 '菊花酒' 하면 '重陽節'로 인식될 만큼 국화주는 계절음식이었다.

11-2)
구월 구일에 하늘빛이 맑아

---

161) 『耘谷詩史』 卷2/ 『高麗名賢集』 卷5, 304쪽.

쓸쓸히 물든 나뭇잎이 가을 소리를 보내오네.
서재를 깨끗이 쓸고 기쁜 자리를 베푸니
풍류 손님들 모두가 밝고 어지네.
잔을 주고 받는 모습이 참으로 그림 같아
깊은 술잔이 철철 넘치며 국화꽃잎을 띄웠네.
「鄭 司藝162)의 시에 차운함」163)

11-3)
병중이라 새 서리 밟기가 몹시 두려워
아침 늦도록 겹이불 속에서 잠자는 맛이 길었네.
딸아이가 국화 띄운 술을 가져 왔기에
오늘이 重陽節인 줄 알고 깜짝 놀랐네.
「9월 9일 중양절. 생각나는 대로 읊음」164)

10) 십일월

[동지]

『동국세시기』에서는 동짓날을 亞歲라 하였고 민간에서는 흔히 '작은 설'이라 하였다고 한다. 이는 태양의 부활을 뜻하는 큰 의미를 지니고 있어서 설 다음가는 작은 설의 대접을 받은 것이다. 고려시기에도 국가에서는 책력을 만들어 나누어주곤 하였다. 운곡은 曆書를 몸에 지니고 다녔다.

---

162) 고려시대 國學·成均館의 종4품 벼슬.
163) 『耘谷詩史』 卷2/ 『高麗名賢集』 卷5, 312쪽.
164) 『耘谷詩史』 卷5/ 『高麗名賢集』 卷5, 368쪽.

12-1)
나그넷길에 잠시도 걸음 멈추기 어려워
총총히 세월 가는 줄 몰랐네.
타향에서 갑자기 동지 아침(陽生旦)을 맞고는
푸른 산 마주앉아 책력을 뒤적이네.
「淮陽 땅에서 동지를 쇠다」[165]

'陽生旦'은 "양기가 생기는 아침"이니 한겨울에 봄기운이 시작된다는 뜻인데, 이날이 바로 동짓날이다. 음양설에 따르면 陰極生陽하고 陽極生陰하는 것이 음양의 순환이요 자연의 법칙이므로 음력 10월에 한 해의 陰이 다하고, 11월 동지에 1陽이 생긴다는 것이다. 운곡은 이와 같은 자연의 이치를 생명체로서의 인간에게도 적용하여 자신의 늙음을 의식하고 있었다.

12-2)
어제 저녁 눈을 보고서 세밑이 된 걸 알고 놀랐는데
오늘은 또다시 양기가 생기는 것을 보게 되다니,
양기가 만물과 화합해 다들 생동하는데
어찌 내게만 늙음을 재촉하나.
「1386년 동짓날. 느낀 바를 元[166] 都슈[167]에게 보이다」

---

165) 『耘谷詩史』卷1/『高麗名賢集』卷5, 278쪽.
166) 元立.
167) 고려시대 군대의 한 부대를 맡아 거느려 지휘하는 무관의 최고 직임.
혹은 그 직임에 있는 사람.

　　한편 동짓날에는 '동지팥죽' 또는 '冬至時食'이라는 오랜 관습이 있는
데, 팥을 고아 죽을 만들고 여기에 찹쌀로 團子를 만들어 넣어 끓인다.
동짓날의 팥죽은 시절 음식의 하나이면서 逐鬼하는 기능이 있다고 한다.
즉 집안의 여러 곳에 놓는 것은 집안에 있는 악귀를 모조리 쫓아내기
위한 것이고, 사당에 놓는 것은 薦新의 뜻이 있다. 동짓날에도 애동지에는
팥죽을 쑤지 않는 것으로 되어 있다. 동짓날 팥죽을 쑤게 된 유래는,
중국의『荊楚歲時記』에 의하면 共工氏의 망나니 아들이 동짓날 죽어서
疫神이 되었다고 하는데, 그 아들이 평상시에 팥을 두려워하였기 때문에
역신을 쫓기 위하여 동짓날 팥죽을 쑤어 악귀를 쫓았다는 것이다.

　　12-3)
　　음기가 사라지고 양기가 되돌아오는 날
　　붉은 팥죽 향내가 푸른 항아리에서 떠오르네.
　　한창 솥에서 끓을 때 처음 소금을 넣고
　　다시 새알심을 넣은 뒤에 주걱으로 뒤적이네.
　　滹沱168)의 보리밥보다 품이 더 들고
　　金谷의 나물보다 맛이 더 기이하니,
　　나 역시 가난한 살림이 갑자기 더하건만
　　아! 만들고 보니 동지가 된 걸 알겠네.
　　「동짓날 팥죽」169)

---

168) 滹沱河. 山西省 번치현에서 발원하여 河北省에서 白河로 흘러 들어가는
　　강.
169)『耘谷詩史』卷5/『高麗名賢集』卷5, 360쪽.

11) 십이월

[섣달그믐 : 臘享]

연말은 해가 바뀌는 시기이다. 음양설로 보아 이러한 시기에는 사기가
들 수 있는 위험한 시기이기도 하다. 운곡은 이 날 손자들로부터 묵은
세배를 받았다.

> 13-1)
> 아이들이 둘러앉아 술잔을 올리니
> 늙은이 마음 든든해지며 웃음꽃이 피네.
> 귀밑에 서릿발이 三千丈이지만[170]
> 눈앞에 난초 같은 손자들 예닐곱이나 된다네.
> 이런 세상에 살면서 조상의 업을 어찌 빛내랴만
> 너희들은 마땅히 우리 가문을 빛내야지.
> 잊으려 해도 잊기 어려운 한이 있으니
> 너희들 어머니가 먼저 가고 나 홀로 남은 것일세.
> 「아이들에게 묵은 세배와 설상을 받고」[171]

이 날 아이들은 운곡을 둘러앉아 술잔을 올렸다. 운곡은 이를 '餞歲'라고
하였다. 해를 보낸다는 의미로 해석된다. 내용으로 보아 아이들은 운곡에
게 건강장수를 기원했을 것이고 운곡은 아이들에게 성공해서 가문을
빛내라는 등등의 덕담을 했을 듯싶다. 일종의 '묵은 세배'라고도 볼
수 있을 것이다. 손자라고는 했으나 그 중에는 손녀도 끼어 있었다.

---

170) "白髮三千丈 緣愁似箇長 不知明鏡裏 何處得秋霜", 李白, 「秋浦歌」 15.
171) 『耘谷詩史』 卷3/ 『高麗名賢集』 卷5, 331쪽.

그러나 원래 '餽歲'의 鬼는 '죽은 사람의 영혼'의 뜻으로 餽는 죽은
이를 제사지내기 위한 음식이란 뜻이다. 따라서 죽은 혼령을 위로하는
의미가 있었다. 운곡이 '너희들 어머니 운운' 한 것은 그러한 사정을
말한 것이 아닐까? 그러한 관점에서 보면 驅儺儀式은 중요한 의미를
갖는다.

> 13-2)
> 亥時를 마지막으로 丁卯年(1387)이 끝나고
> 子時 초부터는 무진년(1388) 봄일세.
> 북소리 그치지 않고 푸닥거리 한창이니
> 온갖 사귀 물리치고 복된 경사가 몰려드소서.
> 「섣달 그믐밤」[172]

'북소리 그치지 않고 푸닥거리 한창'이라고 한 데서 당시 驅儺儀式의
형식을 엿볼 수 있고 '온갖 사귀 물리치고 복된 경사가 몰려드소서'
하는 부분에서 驅儺儀式의 내용을 알 수 있다. 운곡은 이를 '鄕儺'라고
하였다. 『동국세시기』에 의하면, 동지로부터 세 번째의 말일인 臘日에
그 해에 지은 농사형편과 여러 가지 일에 대하여 신에게 지내는 제사를
臘享이라 한다. 자세한 내용은 알 수 없으나 고려시기에도 납향이라
하여 관리들에게는 전후 7일간 휴가를 주기로 되어 있었다. 국가적으로는
'大儺'라 하여 액막이굿을 치르게 된다. 이러한 납향의식이 중앙에서
뿐만 아니라 향촌사회에서도 치러지고 있었음을 위의 자료는 보여주고
있다.

---

172) 『耘谷詩史』 卷3/ 『高麗名賢集』 卷5, 331쪽.

13-3)
> 參星[173]은 기울고 북두성도 돌아 새벽이 되니
> 귀신 쫓는 사람들 소리가 사방을 뒤흔드네.
> 오늘밤에는 등불 켜서 가는 해를 지키고
> 날이 밝으면 연기 꽃에 또 봄을 맞으리.
> 「섣달 그믐날 새벽에 일어나」[174]

운곡에 의하면 이 날 鄕儺儀式에서는 귀신 쫓는 소리가 사방을 뒤흔든다고 하였다. 등불을 켜서 밤을 밝히는 의식도 그 연장선상에서 이해할 수 있다. 이는 이른바 도교의 守庚申 풍속과도 관련이 있는 것으로서 귀신을 물리친다는 의미가 있다.

4. 맺음말

『耘谷詩史』에 등장하는 세시관련 기사의 빈도수를 보면 '설날> 단오> 입춘> 납향> 칠석> 추석> 동지' 등의 순서로 되어 있다. 운곡 자신의 주관적 입장과 처지에 의해서 처리된 측면이 강하다고 하겠으나, 현실적 삶과 관련하여 세속적 측면이 반영되지 않을 수 없었을 것이라는 점에서 본다면 당시의 사회적 통념과도 무관하지 않다고 하겠다.

『운곡시사』에 나타난 가치관은 기본적으로 중세인들의 자연관에 바탕을 둔 것으로 보아야 할 것이다. 그러나 그 중에서도 가장 기본이 된

---

173) 二十八宿의 스물한 번째 별. 오리온 별자리의 중앙에 나란히 있는 세 개의 큰 별. 삼형제 별.
174) 『耘谷詩史』卷4/『高麗名賢集』卷5, 351쪽.

것은 음양설이라 할 수 있다. 자연의 이치를 음과 양의 관계로 해석하여 이를 인간사에 적용하고자 하는 음양설은 符籍類라든가 拔除歲穢의 세시풍속으로 이어졌다.

『운곡시사』에서는 다수의 계절인식이 표현되었다. 이를테면 봄을 인식하는 기준에 있어서 책력에 의한 설날, 음양설에 의한 동지 그리고 자연에 따른 입춘 등 세 가지 형태의 계절인식이 드러나고 있다. 따라서 봄을 기다리는 마음은 이미 동지에서 출발하여 설날 그리고 입춘에 이르기까지 부단히 표출되었다.

『운곡시사』에서의 세시풍속은 이른바 '移風易俗'의 논리 속에서 華風의 절대적 영향을 받은 것으로, 특히 여말 역성혁명의 와중에서 공동체적 축제로 이어져 오던 단오날 행사는 중국과의 사대관계를 의식하는 가운데 소멸되거나 일정하게 변질되어 간 것으로 생각된다.

그러나 舊風을 祖上의 성스런 遺風이라고 했듯이 고려의 풍속이 지켜지기를 바라는 마음은 단지 과거회귀가 아니라 우리나라의 자연에 대한 주체적 인식이 내재된 것으로 보여진다.

제5장 姜希孟의 農學 연구와 農業經營論

제1절 黃冠野服 생활과 農學 연구

1. 머리말

여말에서 선초에 이르는 시기에는 농서의 간행이라든가 보급과 같은 일련의 움직임이 돋보인다. 예를 들면 공민왕 21년 知陝州事였던 姜蓍는 『農桑輯要』를 改板하여 전국에 보급하였으며,[1] 여말 田制疏를 올려 유명한 李行은 『農桑輯要』의 내용 가운데 「養蠶方」만을 뽑아내어 板刊하여 보급하였는데, 나중에 태종은 이에 우리말 夾註를 덧붙인 후 다시 板刊하여 널리 보급케 하였다.[2] 또한 같은 시기에 『農桑輯要』를 초하고 번역한 『農書』(혹은 『農書輯要』)를 편찬케 하였는데,[3] 이는 『農桑輯要』

---

[1] 李穡, 「農桑輯要後序」, 『牧隱文藁』 卷九 ; 天野元之助, 1975, 『中國古農書考』, 龍溪書舍, 131쪽.

[2] 『朝鮮王朝實錄』 太宗 17년 5월 己酉條.

[3] 『農書』라는 책이 별도로 존재하였는지에 관해서는 확인할 수 없다. 가령 태종 9년의 기록에서 『農書』를 언급하고 있으나 반드시 특정의

의 내용 가운데 우리 실정에 맞는 부분을 발췌하여 이두로 한 것이었다. 이러한 과정을 거쳐 세종조에는 드디어 주체적 농법을 토대로 한『農事直說』이, 다시 성종조에는 姜希孟의『衿陽雜錄』이 간행되었다.[4] 그리고 이와 비슷한 시기에 徐居正은 元代 汪如懋가 撰한『山居四要』를 간행하기도 하였다.[5]

이처럼 이 시기에는 농서의 간행과 보급 움직임이 두드러지는 가운데 그 주체도 개인으로부터 점차로 국가적 사업으로 확대되고 있었다. 이 같은 움직임의 배경은 休閑歲易農法에서 連作常耕農法으로의 전환이라는 농업기술적 측면과 더불어 農政觀이 영향을 미치고 있었다.[6] 이는 휴한농법을 토대로 한『農桑輯要』가 우리 실정에 맞도록 보완되거나 勸農敎文이 公布되고 있었던 사실에서도 드러난다.

한편 이 시기『衿陽雜錄』은 농사에 대한 강희맹의 개인적 관심에서 비롯된 것이었다. 그는 권농정책의 허점을 지적하는가 하면 각 지역의 풍토와 실정에 맞는 농업기술을 강조하고 있다. 요컨대『衿陽雜錄』의 저술은 農業技術 및 農政上의 문제에 있어서『農事直說』을 보완한다는

책을 뜻하는 것으로 보기는 어렵다. 세종 19년의 기록에서는『農桑輯要』, 『四時纂要』,『汜勝之書』등이 언급되고 있는 것을 보면 당시 많은 종류의 농서가 들어와 있었던 것으로 보이는데, 흔히 '농서에 이르기를~'이라는 표현이 등장하고 있다.

4) 이 시기『四時纂要抄』도 실은 강희맹의 편찬으로 보인다.(金容燮, 1988, 「朝鮮前期의 農書編纂과 두 傾向의 農學思想」,『朝鮮後期農學史硏究』, 一潮閣, 93쪽)

5) 이는 攝生, 養生, 衛生의 요점을 설명한 知識人의 在野居家의 준비서다.(天野元之助, 앞의 책, 165쪽)

6) 金容燮, 1981,「農書小史－農書解題에 부쳐서－」,『農書』1, 亞細亞文化社, 5쪽.

측면이 있었다.[7] 그러나 명칭에서도 느껴지듯이 단순한 농업기술서는 아닌 것으로 생각된다. 왜냐하면 衿陽縣을 중심으로 하여 近畿地方의 농사와 관련된 여러 문제를 다루고 있기 때문이다.

특히 강희맹은 이곳에 別業을 갖고 있었으며 때로는 이곳에 거주하면서 농장을 직접 관리하기도 하였다. 그는 村老들로부터 경험담을 듣거나 혹은 직접 실험도 해보는 등의 과정을 통해 농사에 관한 체험적 지식을 얻게 되고 나아가 농촌의 실정까지도 알게 되었던 것이다. 따라서 이와 같은 체험적 지식은 別業의 관리문제와 직접 간접으로 관련되어 있었을 것이며, 바로 이 점으로 인해 近畿地方의 풍토와 관련한 작물재배법이라든가 農事에 관한 문제의식 따위를 더욱 생생하게 전달할 수 있게 된 것이 아닌가 한다. 말하자면 『衿陽雜錄』의 기록은 衿陽別業의 경영문제와 불가분의 관계를 갖고 있다는 점이다.

2. 강희맹의 家學과 農書普及

1) 강희맹의 家學

농업기술이라든가 농업경제 즉 농학에 대한 강희맹의 관심은 그 가계로 볼 때 우연한 것은 아닌 듯하다. 일찍이 강희맹의 증조부인 姜蓍(1339~1400)는 陝州에서의 守令시절 穆隱 李穡(1328~1396)에게 '農桑輯要後序'를 부탁한 적이 있었다. 충정왕 원년(1349)경 李嵒(1297~1364)이 원나라에서 들여온 것으로 짐작되는 『農桑輯要』[8]는 원래 글자가 크고

대단히 무거웠던 모양이다. 이때 강시는 크고 무거운『農桑輯要』를
작은 楷書體로 바꾸어 쉽게 들고 다니며 볼 수 있도록 함으로써 널리
그 혜택을 볼 수 있도록 했다는 것이다. 이와 같은 일이 주로 개인적
관심에서 이루어지고 있었다는 사실에서 농서보급에 대한 남다른 열의
를 엿볼 수 있다.

강희맹의 父親 姜碩德(1395~1459)은 여말 田制改革 上疏를 올려 유명
한 李行(1352~1432)9)의 門下로 알려져 있다.10) 이행은『農桑輯要』에서
「養蠶方」만 뽑아내어 스스로 실천 경험하였더니 수확이 종전에 비해
배가 되었다고 한다.11) 桑田을 경작하고 養蠶을 관리하는 일에 직접
관여하여 체험을 한 것으로 보아 이행 자신도 농학에 깊은 관심이 있었음

─────────

大夫를 지냈고, 아버지 瑀는 鐵原君이었다. 李嵒은 忠宣王朝에 등제하여
恭愍王朝에 이르러 鐵城府院君에 봉해지기까지 요직을 거쳤으나 忠肅王
이 복위할 때 忠惠王의 嬖幸이라하여 海島에 杖流보내고 瑀는 파직하여
田里로 돌려보낸 적도 있었고, 忠穆王이 죽자 忠定王을 받들어 원나라에
갔을 때에는 國務를 聽斷하기도 하였다. 바로 이때에 農桑輯要를 가져온
것으로 짐작된다. 그러니까 忠定王 원년(1349) 무렵인 것 같다.(『高麗史』
卷111, 李嵒傳)

9) 이행은 목은 이색과 포은 정몽주로부터 師事하였으며 특히 이색과는
좌주·문생관계로서 정치적 입장을 같이 하였다. 그러나 이색과는 달리
사전혁파론을 주장함으로서 포은 정몽주와 같은 개혁방향을 취한 것으
로 생각된다.

10) 徐居正은 玩易齋 姜戴敏公의 학문은 文節公에서 나왔다고 한 바 있다.(『四
佳集』) 강석덕이 어떻게 이행과 인연을 맺게 되었는지는 확실하지 않다.
다만 공양왕 때 간관인 정몽주의 지시를 받아 조준·정도전 등의 죄를
탄핵하자 강석덕의 아버지 姜淮伯도 대관을 거느리고 상소하여 조준
등을 탄핵하였으며 역성혁명 후 진양으로 귀양간 사실이 있다.

11)『朝鮮王朝實錄』태종 17년 5월 기유조 및『驪州世稿 騎牛集』, 335쪽.

을 알 수 있다. 강석덕의 학문적 입장은 사회현실에 대한 문제의식과
더불어 실천을 강조하는 이행의 학문적 태도와 무관하지 않았을 것이다.

한편 강희맹의 兄 希顔(1419~1464)은 『養花小錄』을 통해서 원예작물
재배기술에 관한 탁월한 업적을 남긴 바 있다. 『養花小錄』은 고려시대
원예의 화려함과는 달리 선초 사대부의 유교적 기품을 표현하고 있고
향후 일본의 원예기술 발전에도 영향을 준 것으로 알려져 있다.[12] 이처럼
강희맹의 집안은 일찍부터 직접 혹은 간접적으로 농학에 관심이 많았던
것으로 생각된다. 강희맹의 농사에 대한 관심 그리고 농서의 저술도
바로 이와 같은 집안 분위기와 무관하지 않았을 것이다. 나아가 이는
전반적으로 당시 사대부들 가운데 經世論 등 실천을 강조하는 經學에
관심이 있었던 사실과도 관련이 있는 듯하다.[13]

2) 姜蓍와 '農桑輯要後序'

고려시기에는 이미 많은 농서가 중국으로부터 들어오거나 알려져
있었다. 고려말에 이르러서는 『農桑輯要』 외에도 『齊民要術』·『四時纂
要』·『氾勝之書』를 비롯한 다수의 中國農書가 들어와 있었는데, 특히
華北지방의 休閑농업에 초점을 맞춘 『農桑輯要』가 주목된 것도 실은
常耕을 전제로 하면서도 여전히 歲易農法이 중요하였던 우리나라의

---

12) 姜世求, 1988, 「姜希顔의 『養花小錄』에 관한 일고찰」, 『韓國史研究』 60.
13) 이에 관해서는 다음의 글들이 참조된다.
　　도현철, 1996, 『여말선초 신·구법파 사대부의 정치개혁사상 연구』, 연세대
　　학교 대학원 박사학위논문 ; 김인호, 1998, 「고려후기 사대부의 경세론
　　연구」, 혜안.

농업현실과 관계가 있는 것으로 알려지고 있다.14) 우리나라에 처음 들어온 『農桑輯要』는 元이 南宋을 평정한 뒤인 1279년경에 나온 중간본으로서 그 골격은 초간본과 크게 다르지 않은 것이었다.15)

恭愍王 21년 知陝州事 강시는 자신의 주도하에 『農桑輯要』를 改版하였다.16) 陽村 權近에 의하면 강시는 합천수령으로서의 정치행적이 현저하였다고 하였다.17) 그만큼 강시는 농정에도 관심이 많았던 것으로 보인다. 앞에서 이미 언급한 바와 같이 그는 『農桑輯要』를 개판하기에 앞서 바로 권말의 글을 이색에게 부탁한 바가 있었다.

『農桑輯要』는 杏村 李侍中이 外甥인 判事 禹確에게 주고 나 또한 禹로부터 얻은 것입니다. (중략) 나는 장차 새겨서 諸州에서 다스려 널리 혜택을 전하려 하나 글자가 크고 책이 무거워 멀리 도달할 수가 없습니다. 이미 작은 楷書로 베껴 썼더니 按廉 金溱도 布 若干으로 그 비용을 보냈사옵니다. 부디 이 책의 卷末에 講志하여 주시기 바랍니다.18)

원래 강시가 간행하고자 했던 『農桑輯要』의 원본은 杏村 李侍中 즉

14) 金容燮, 1981, 「農書小史－'農書' 解題에 부쳐서－」, 『農書』 1, 亞細亞文化社.
15) 天野元之助, 1975, 『中國古農書考』, 龍溪書舍, 130쪽. 여기에는 사탕수수와 같은 남방의 농작물을 몇 가지 추가하였으나, 稻作의 경우에는 제민요술 단계의 북방도작을 그대로 인용하고 있다.
16) 책의 刊記는 '洪武五年任子八月 日江陽開板'으로 되어 있다.
17) 大提學 陽村權近 撰 恭穆公墓誌銘.
18) 李穡, 「農桑輯要後序」, 『牧隱文藁』 卷九.

李嵒이 禹確에게 준 것이었다. 당시 농서의 보급에는 按廉使인 金溱의
도움도 있었다. 안렴사는 守令과 함께 貢賦수납의 책임이 있었던 만큼,[19]
생산력의 증가에 대한 관심이 높았을 것이다. 특히 이 시기에는 홍건적으
로 인한 피해가 극심하였으며 왜구가 창궐하여 국력이 크게 훼손되어
있었다. 그러나 위의 문맥으로 보아 이들의 농서에 대한 관심은 개인적
차원에서 이루어진 것이라 생각된다. 강시는 이 책을 陜州(지금의 합천)뿐
만 아니라 전국적으로 보급할 생각을 갖고 있었다. 그러자니 책이 너무
무거운 것이 문제였다. 그렇다면, 그가 그처럼 『農桑輯要』를 보급하고자
했던 목적은 어디에 있었을까?

　　무릇 衣食은 재물(貨)의 풍족함에서 비롯되고, 財는 種蒔를 넉넉히
　　함에서 시작되며, 번식(蕃息)은 두루 준비함에서 이루어지는 것입니다.
　　分類하여 작은 것을 모아 나누어 밝히지 않음이 없는 것은 실로 理生의
　　良法입니다.[20]

　姜蓍에 의하면, 무릇 먹고 입는 문제는 재물의 풍족함에서 비롯된다고
하였다. 그런데 재물은 다름아닌 種蒔(씨앗을 뿌린다거나 모종을 하는
일 즉 농사)의 넉넉함에 달려 있다는 것이며 또한 (재물의) 늘어남은
두루 준비함에서 이루어진다는 것이다. 이는 생활의 필수적 요소인
재화의 생산을 다름아닌 농업생산에서 찾는 농본주의적 사고라고 하겠
다. 그런데 바로 그런 점에서 『農桑輯要』는 分類하여 작은 것을 모아
나누어 밝히지 않음이 없으므로 그야말로 '理生의 良法'이라는 것이다.

---

　19) "按廉·守令 職掌貢賦", 『高麗史』 104, 金士衡傳.
　20) 李穡, 앞의 글.

그런데 여기에서 주목되는 것은 '理生' 문제를 언급한 사실이다. '理生'
이란 '삶을 다스린다'는 뜻 정도로 보는 것이 좋을 듯하다. 그것은 삶의
방식 혹은 삶의 자세 따위를 의미하는 것이기도 하였다. 그렇다면 그가
특히 '理生'이라는 관점에서 『農桑輯要』의 내용에 관심을 갖게 된 배경은
무엇일까? 이에 관한 직접적인 표현은 찾아볼 수가 없다. 그러나 이
점과 관련하여 다음에 보이는 李穡의 설명은 참고될 만하다.

  高麗의 풍속은 서툴고 까다롭지 아니하여 生을 다스림(理生)을 가볍
  게 여기어 産農의 家에서는 오로지 하늘에 의지할 뿐이다. 따라서
  水·旱災가 문득 몰아닥치면 묵정밭이 되어 버리고 만다.[21]

李穡은 高麗의 風俗이 서툴고 까다롭지 않다고 하였다. 또한 그로
인해 '理生'문제를 지나치게 경시하고 있다고 판단하였다. 한 예로 고려의
농민들은 오로지 하늘에만 의존하기 때문에 가물거나 비라도 많이 오게
되면 곧바로 농경지가 쓸모없게 되어버린다는 것이다. 말하자면 수리시
설이라든지 관개시설 등 '이생' 문제 해결을 위한 노력이 부족하여 자연재
해 앞에 고스란히 그 피해를 당하고 만다는 것이다. 이는 인간의 삶에
대한 자세가 적극적이지 못한 사실을 지적한 것이다.

  고려후기에 이르러 농업기술상의 발전이 상당히 진전되는 가운데
墾田이 연해안 저습지로 확대되는 등 新田개간도 상당히 이루어지고
있었던 것으로 알려져 있다. 요컨대 이는 占城稻와 같은 신품종의 도입이
라든가 回換農法과 같은 경지이용방식의 전환에 따른 것이었다.[22] 따라

---

21) 李穡, 앞의 글.
22) 이 시기 농업기술상의 발전에 관해서는 위은숙, 1998,『高麗後期 農業經濟

서 이는 산간계곡의 流水에만 의존하던 관개방식에서 탈피하여 크게
발전된 것이지만 洑와 같은 본격적인 수리시설은 아직 이루어지지 않고
있었다. 따라서 안정적 농사가 보장될 수가 없었다. 따라서 고려의 풍속에
대한 이색의 말은 '이생'의 차원에서 농업생산력 증가를 위한 적극적
대책의 필요성을 나타낸 것이라 하겠다.

이어서 이색은 먹고 입는 문제 등 고려 사람들의 의식문화를 언급하면
서 그 생활의 질이 낮음을 다음과 같이 표현하고 있다.

> 스스로의 씀씀이가 매우 소략하여 貴賤이나 老幼를 막론하고 蔬菜라
> 든가 魚脯에 만족할 뿐이다. 멥쌀은 중히 여기면서도 黍稷은 가볍게
> 여기며 삼베는 많으나 솜옷은 적다.[23]

여기에서 고려인들의 의식생활은 신분과 연령에 관계없이 대체로
낙후된 듯한 느낌을 받는다. 그런데 '蔬菜라든가 魚脯에 만족할 뿐이다'라
는 지적을 뒤집어 생각해 보면 이는 빈곤하다는 측면도 있지만, 불교문화
의 영향과도 관련이 있는 것이 아닌가 생각된다. 한편 쌀을 중시한다는
내용은 이 시기 농업에 있어서 벼농사를 중시하는 경향이 있었음을
보여주는 것인데, 토지 생산성과 관련하여, 水田농업에 비해 상대적으로
閑田농업에 대한 경시풍조를 보여준 것은 아닌가 생각한다.[24] 한편
옷에 관해서는 더욱 비관적이다. 文益漸이 목화씨를 들여온 것이 공민왕

研究』, 혜안 참조.
23) 李穡, 앞의 글.
24) 일반적으로 稻作은 田作에 비해 土地生産性이 두 배 정도로 알려져
   있다.(이재룡, 1999, 『조선전기 경제구조연구』, 255쪽 참조)

12년인 것을 감안하면 아직 면화는 고려인에게 생소한 형편이었을 것이다. 이처럼 생활수준이 보잘 것 없는 낮은 상황이었으므로 외견상으로도 드러나기 마련이었다.

그러므로 사람들 중에는 굶주려서 외양으로는 자세히 보지 않으면 병석에 누웠다가 바로 일어선 사람으로 보이는 경우가 대부분이다.[25]

이와 같은 현상은 당시 홍건적에 이은 왜구의 침입 등 전란으로 인한 생활수준의 저하에 기인한 측면도 있었을 것이다. 계속해서 이색은 고려 사람들이 喪制時 소나 말과 같은 가축을 잡지 않는 사실에 관해서도 다음과 같이 지적하고 있다.

喪祭에 이르러서도 소략하여 燕會에 힘쓰지(?) 아니한 즉 소나 말을 잡는 것을 野物을 취하는 것으로 만족한다.[26]

여기에서 野物이란 들짐승을 뜻하는 듯한데, 닭이라든가 돼지와 같은 가축이 포함되어 있는지 모르겠다. 아마도 들짐승을 犧牲으로 쓰지 않는다는 儒敎式 喪祭와 관련이 있어 보인다. 어쨌든, 다음의 말에서도 알 수 있듯이, 이는 요컨대 인간의 기본적인 욕구를 부정하면서까지 빈한한 생활을 하는 것은 옳지 않다는 뜻으로 해석된다.

대저 사람의 몸은 耳目口鼻를 갖고 있으므로 聲色臭味의 욕구가

---

25) 李穡, 앞의 글.
26) 李穡, 앞의 글.

나타나는 것이다. 가볍고 따뜻한 것이 몸에 편하고 기름지고 달콤한 것이 입에 맞는다.[27]

이처럼 그는 인간의 의식생활에 있어서 삶의 질을 높여야할 것으로 생각하였다. 그러나 그렇다고 해서 지나친 사치와 낭비의 미덕을 강조하려는 것은 아니었다.

남음이 있음을 바라고 부족함을 싫어하는 것이 모든 사람들의 공통된 마음이다. 高麗만이 다를리 있겠는가? 풍족하면서도 사치스럽지 아니하고 검소하면서도 누추하지 아니하여, 本之仁義를 度數로 삼는 것이 聖人의 中制이며 人事의 善으로 삼는 바이다.[28]

말하자면 풍족하면서도 사치스럽지 아니하고 검소하면서도 누추하지 아니하여, 인간으로서 본래 지녀야 할 仁義를 갖추는 것이야말로 聖人의 中制이며 人事의 善이라고 하였다. 요컨대 삶의 질을 높이는 것이 중차대한 일이기는 하지만 그 목표는 어디까지나 도덕적 仁義의 실현에 두어야한다는 것이다.

이러한 관점은 勞動形態에 관한 언급을 통해서도 나타나고 있다. 예를 들면 우마가 인력을 대신하는 역할이 매우 큰 사실을 알면서도 이를 소홀히 하고 닭이나 돼지와 같은 가축은 오히려 중요시하는 현실을 매우 개탄하고 있었다. 뿐만 아니라 예컨대 밭의 노인이 일하다가 다치면 이를 어쩔 수 없는 것으로 인식하면서도 동물을 우리에 가두게 되면

---

27) 李穡, 앞의 글.
28) 李穡, 앞의 글.

안쓰러워하게 된다고 하면서, 이는 일의 경중을 알지 못하는 것이라고
하였다. 義를 해치고 制를 무너뜨리고 本心을 잃는 것이라고 하였다.

> 닭이나 돼지와 같은 가축은 사람에게 쓸모가 없어도 소홀히 하지
> 아니하면서 牛馬가 人力을 대신하는 것이 매우 크면서도 소홀히 한다.
> 田驅의 勞動이 혹 支體를 해치고 性命을 손상케 하면 어쩔 수 없는
> 것으로 생각하면서도 동물을 우리에 가두게 하면 안쓰러워 하는 것은
> 輕重을 알지 못하는 것이다. 義를 해치고 制를 무너뜨리고 본심을
> 잃음이 이와 같으니 어찌 백성들의 죄이겠는가. 슬픈 일이다. 制民産·
> 興王道가 나의 뜻이나 끝내 행치 못하니 어찌하면 좋을 것인가?[29]

이처럼 이색은 人本主義的 관점에서 인간과 짐승의 차이를 명확히
구분하고, 우마와 같은 가축을 사용하여 生産性을 높여야 된다는 관점에
서 '이생' 문제에 접근하고 있다.

이상의 내용을 종합해 볼 때, 이색이 뜻하는 바 '理生' 문제의 해결
목표는 삶의 질을 높이는 것이며, 그 토대에는 儒教的 人本主義 및
農本主義的 관점이 내재된 것이었다. 말하자면 종래 불교적 가치관에
따른, 삶에 대한 숙명론적 자세를 지양하고 인간의 노력을 통해 사회적
부를 늘여 물질적 삶을 풍요롭게 함으로써, 결국 教化를 촉진하고 王道政
治를 실현하고자 하는 현실개혁의 의지가 반영된 것이라고 하겠다.
民富의 실현은 왕도정치를 실현하기 위한 필수적 과정이었던 셈이다.

아래의 글에서 인용되는 바와 같이, 바로 이러한 관점에서 강시와
이색은 그 뜻을 같이하고 있었다. 그러나 이색은 이와 같은 일이 현실적으

---

29) 李穡, 앞의 글.

로 쉽지 않음을 염려하고 있었다. 그것은 무엇 때문이었을까?

> 일찍이 (나도) 이 책을 익혀서 본적이 있으나 우리의 풍속이 이를
> 대단치 않게 여길까 염려한다. 조정에 나간 것이 하루 이틀도 아닌데
> 간행을 아뢰지 못한 것은 나의 허물이다. 비록 그렇더라도 姜君의
> 뜻이 나와 같은 것을 이에 알 수가 있다. 制民産·興王道의 일은 여기에
> 그치지 않는 것임을 姜君은 또한 일찍이 말한 바가 있도다. 만약 반드시
> 실천을 원한다면 마땅히 異端을 스스로 물리쳐 시작하여야 한다. 만일
> 그렇지 않으면 우리의 풍속은 아무런 변화가 없을 것이며 이 책에
> 실린 것도 또한 다만 기록에 지나지 않게 될 것이다. 姜君은 힘써
> 주기를 바란다.[30]

여기에서 이색 자신과 姜蓍의 '理生'觀은 같은 것이라는 사실을 알
수 있다. 그러나 이 같은 인식은 생각에 그쳐서는 결코 안되며 실천을
통해 확인되어야 했다. 그는 '制民産·興王道' 즉 백성들의 삶을 풍요롭게
함으로써 왕도정치의 이상을 실현하기 위해서는 반드시 이단을 물리쳐
풍속을 변화시켜야 할 것으로 보았다. 만약 그렇지 못할 경우에 '理生의
良法'은 아무런 의미가 없다고 생각하였다. 따라서 '이생의 양법'은 이단을
물리치고 풍속을 변화시키는 데서 그 출발이 이루어질 수 있음을 명확히
한 것이라고 하겠다.

이와 같은 관점에서 볼 때, '理生'을 중시하는 태도는 현실적으로
존재하는 민의 의식을 변화시키는 일이었다. 그것은 요컨대 불교적
숙명론을 비롯한 구래의 낡은 의식으로부터의 탈피를 의미하였다. 이와

---

30) 李穡, 앞의 글.

같은 의식의 변화는 쉬운 문제가 아니었다. 이색은 바로 이 점을 염려하고 있었으며 그러한 의식의 변화를 통해서만이 궁극적으로 '制民産・興王道'를 이룰 수 있다고 본 것이다. 이렇게 보면 이색과 강시가 바라는 바의 공동목표인 '制民産・興王道'를 위해서는 실천적 과제로서 '이생의 양법'인『농상즙요』를 널리 보급시켜야 할 것이지만, 보다 근원적으로는 이단을 물리치고 '이생'을 중히 여기는 意識改革이 수반되어야 함을 강조한 것이라 하겠다.[31]

3. 衿陽別業에서의 생활과 農學

『私淑齋集』에는 강희맹이 농장생활을 하면서 겪은 일을 언급한 내용이 여러 곳 있다. 그 내용은 대체로 友人이라든가 동료 사대부들과 주고 받은 詩句, 농장 주변의 풍광을 읊은 시로 되어 있다. 특히 농사와 관련된 내용이 도처에 보이고 있어서 강희맹 자신의 관심이 많았음을 보여준다. 그렇다면 강희맹은 언제부터 農學에 관심을 갖게 되었으며 또한 그 계기는 어떠한 것인가 하는 의문을 갖게 된다.

위의 내용 중에 주목되는 것은 그가 타계한 맏형 강희안에 대한 애틋한 정을 표현한 시가 많다는 점이다. 遺稿를 정리하여『養花小錄敍』를 쓰게 된 배경도 이와 무관하지 않다.[32] 형이 타계한 직후인 세조 10년

---

31) 이 같은 의식개혁 움직임의 저변에는 儒敎의 禮的 思考와 관련이 있는 것으로 생각된다.

32) "공이 세상을 떠난 지 9년 뒤 癸巳年(1473, 성종 4) 봄에 그의 옛 田園을 찾았더니, 황무한 채 손을 대지 아니하여 꽃과 나무가 모자라지고 없어졌다. 머뭇거리며 돌아보는 동안 감정을 억제할 수가 없었다. 드디어 小錄의

무렵의 심정을 그는 다음과 같이 묘사하였다.

> 無爲者 나이 40이지만 재주가 부족하여 뜻도 펴지 못하고 몸은 이미
> 병들었다. 이제 衿陽 땅에 들어가 장차 農莊을 일구어 농사나 지을
> 뜻을 마을농부들에게 비치니 이들은 가로되, "천하의 백성은 네 부류가
> 있으니 선비와 농사꾼, 장인 그리고 장사꾼이 그것이다. 그 중에서도
> 농사꾼이 가장 힘들고 고통스럽다."[33]

이처럼 그는 仕路를 그만두고 농사꾼이 되어보려는 생각을 갖기조차
하였던 것이다. 위의 내용이 『衿陽雜錄』의 한 편목으로 자리잡고 있는
것을 보면, 강희맹의 농서는 이미 이때부터 시작되었다 해도 과언이
아닐 듯하다. 결국 그는 자신이 가야 할 길은 따로 있음을 확인하게
되지만, 이와 같은 생각은 관직생활을 통해서 좌절을 겪는다든가 어려움
에 부딪힐 때에는 더욱 간절한 욕망이 된 듯하다. 그러므로 그는 자신의
별업을 즐겨 '菟裘地' 즉 隱遁地로 표현하곤 하였던 것이다.[34]

> 가난하고 병든 이들은 그저 생기있고 화사한 사람을 그리워하지.
> 그 많은 세월 갖은 고초 겪어 가며 앞만 보고 달려 왔네.

유고를 찾아가지고 世稿의 끝에 붙여 놓고 뒤에 보는 사람들로 하여금
공의 덕을 알며 공의 뜻을 딱하게 여겨 느끼는 바가 있기를 바라노라."(「양
화소록서」, 『국역 동문선』XI, 248쪽)

33) "無爲子行年四十 才乏于時言不文 身爲世所棄 迺抵衿陽 將修廢業 謀於郡農
曰 天下之民 四曰 士農工賈 四民之中 唯農最苦."(「農者對三」, 『衿陽雜錄』)

34) 그는 다른 곳에서도, 예를 들면, '老從弊業菟裘地 便是大平無事人'이라고
하였다.(「蓮城村舍偶吟二首」, 『私淑齋集』, 332쪽)

衿陽땅 한 뙈기에 은둔지(菟裘地)를 찾으니 가을 동산숲에 들어가도
즐거운 일이 많구나.

(중략)

성문밖에 쓸쓸히 서 있는 나무 더욱 나이 들어 보인다.

우뚝 선 작은 정자 萬松岡을 바라보고 있네.

골짜기 구름이 문득 일어서니 비가 오는데, 숲가에 머금은 물안개
스스로 서늘함을 더하는구나.[35]

위의 시는 강희맹이 벼슬을 그만두고 금양별업에 들어가면서 느낀
감회를 읊은 것이다. 관인으로서의 자신의 생활을 고통스럽게 묘사한
반면 별업에서의 생활에 대한 기대감을 나타낸 것이 대조적이다. 위의
시가 언제 쓰여진 것인지 정확히 알 수는 없으나 제목으로 보아 仁齋
姜希顔이 죽은 세조 10년 이후로 보인다. 또한 시의 내용이라든가 시기
등을 고려할 때 아마도 그가 파직되어 금양별업에 퇴거하여 쉬고 있었던
세조 13년 무렵이 아닐까 한다. 그는 이 시기의 심정을 다음과 같이
읊기도 하였다.

功名은 한 번에 깨지는 시루와도 같다. 내버려지면 다시는 되돌아
보지 않는 것이니, 과연 신선의 말을 얻으려 한다면 일을 행함에 어찌
고집만 내세울 수 있으리오.

벼슬을 얻게 되면 체통을 지켜야할 것이며 공적인 일에 임해서는
시혜를 베풀어야 할 것이나, 벼슬을 잃게 되면 농가로 되돌아가 열심히
농사지어 나라에 세금을 바치도록 하여 어느 경우에라도 살 길을

---

35) 「次仁齋韻寄一菴」, 『私淑齋集』, 94~97쪽.

찾아 나서는 것이 집안의 궁핍함을 면하는 길이니.

(중략)

산이 있으면 신선이 먹는다는 黃精이 많고 밭이 있으면 채소가 있을
것이니 삼가 머리숙여 임금의 높은 덕에 감사드리며 시골에 돌아가서
농사나 지으리라.36)

이처럼 강희맹은 관직생활에 대한 미련을 버리고 훌쩍 농사일에 의탁
하고자 하였다. 그로서는 벼슬을 잃을 경우 농사라도 지어 생계를 모색해
야 할 것으로 판단되었다. 아래의 글을 보자.

몸은 비록 늙었으나 마침 일이 잘 되었네. 토란, 오이 밭에서 한가로이
김을 맬 수 있게 되었으니. 이 나이 되도록 해놓은 게 아무것도 없네.
樊須를 배우는 것이 부끄럽도다.37)

위의 시가 쓰인 시기는 대체로 養母喪을 당하여 가족을 거느리고
함양촌사에 갔을 때(성종 6~7년 무렵)의 기록이 아닌가 생각된다. 위에서
특히 눈에 띄는 것은 樊須라는 인물이다. 樊須는 樊遲라고도 하는데,
춘추시대 魯나라 사람으로서 孔子의 제자로 알려져 있다. 그는 특히
稼·圃와 같은 농사일에 관하여 관심이 많았던 사람이었다.38) 따라서

---

36) "功名一破甑 棄置不漫顧 果哉蘇仙語 爲事豈必固 用則儼垂紳 臨官有施措
不用歸田廬 力耕充租賦 用舍俱食力 庶得免戶素 … 有山多黃精 有田宜瓜茅
稽首謝聖明 歸來學農圃", 「丁亥(1467, 세조 13)九月二十日 恩許暇閑 臥退衿
陽別業 因念景武…」, 『私淑齋集』, 169~170쪽.

37) "老逢雨暘若 閑鋤芋瓜區 終身無所得 慙愧學樊須", 「咸陽村舍不堪閑寂作墨
戲十五紙題其額」, 『私淑齋集』, 302~305쪽.

강희맹이 樊須를 배우는 것이 부끄럽다는 말은 뒤늦게 농사일을 배우고
자 하는 그 자신의 처지를 지적한 것이라 생각된다. 이 시기에 그는
다음과 같은 글도 남기고 있다.

　　일찍이 長生不死의 術數가 쇠퇴했다는 말은 들었지만 뒤늦게 神農의
　　本草經을 배운다. 해는 저물어 가는데 하늘은 차고 산은 눈으로 덮여
　　있구나. (신선이 먹는다는) 黃精은 어디서 구할 것인가.39)

　위에서 '神農의 本草經'은 아마도 상징적 의미로 쓰인 듯하다.40) 말하자
면 강희맹은 晚學을 통하여 뒤늦게 '神農의 本草經' 즉 농사를 배우게
되었다는 뜻이 아닌가 한다.41) 아마도 이때에 이르러 강희맹은 농서에
대한 구체적인 구상을 하고 있었던 듯하다. 결국 그는 함양촌사에서
올라와 금양별업에 머물면서 본격적으로 『衿陽雜錄』을 쓰기 시작하였는

---

38) "樊遲請學稼 子曰吾不如老農 請學爲圃 曰吾不如老圃 樊遲出 子曰小人哉樊
　　須也 上好禮 則民莫敢不敬上好義 則民莫敢不服上好信 則民莫敢不用情
　　夫如是 則四方之民 襁負其子而至矣 焉用稼", 『論語』 卷13.

39) "曾聞服餌制頹(?) 晚學神農本草經 歲暮天寒山雪盛 不知何處覓黃精", 「金太
　　守見和復次韻四首」, 『私淑齋集』, 306~307쪽.

40) 神農은 중국 상고의 제로서 처음으로 백성들에게 쟁기 사용법을 가르쳐
　　농업을 진흥시켰다 한다. 『本草』는 바로 일찍이 神農이 만든 것으로
　　알려져 있으나 현존하지 않는다. 실제로 梁나라의 『七錄』에 『神農本草』
　　3권이 언급되어 있는데 이는 365종의 약을 상중하 3등급으로 나누어
　　설명하고 있으나 언급된 내용으로 보아 대체로 후한대의 기록으로 보인
　　다.

41) 이는 앞에서, "산이 있으면 신선이 먹는다는 黃精이 많고 밭이 있으면
　　채소가 있을 것이니 삼가 머리숙여 임금의 높은 덕에 감사드리며 시골에
　　돌아가서 농사나 지으리라."고 표현한 내용과 상통하는 의미일 것이다.

데 바로 병조판서를 그만두고 퇴거한 성종 6년(52세) 경의 일이었다.

(을미년) 봄 衿陽에 退居하였다. 허송세월이 아까워 밭(園圃)을 일구어 부지런히 소채를 심으니 아마도 禹貢시절의 남은 자취인 듯하다. 때에 가뭄을 만나니 四月에 비가 왔으나 여전히 어렵다. 이 달 16일에 시원하게 비가 내렸다. 비록 농사용으로는 충분치 않지만 밭에는 보약과 같으니 다소나마 가을걷이의 희망이 보인다. 기쁜 마음으로 가을갈이를 시작하니 임금을 받들고 태수를 편안하게 하는도다. 내가 재상이 되어도 농사일을 걱정할 줄을 몰랐는데 오직 밭에 물을 대는 것만으로 즐거워할 따름이니 반드시 大人·君子의 웃음거리를 면치 못할 것이로다.

한 뙈기 금양땅
남은 여생 오두막집을 벗삼아
늙은이가 한가롭게 씨뿌리고 가꾸는 일에 빠졌다.
봄은 벌써 채소를 심어 가꿀 때가 되었으나
흙이 메말라 윤기가 없으니
일을 시작하려던 마음이 움츠러드는구나.
(다행히) 오늘 아침 내린 비로 기름지고 윤택해졌도다.
이런 걸 알면 정치도 순리를 따르련만.[42]

---

42) "一片衿陽地 殘年卜弊廬 老閑耽種植 春至藝瓜蔬 土壤旱無潤 發生心有餘
今朝洒膏澤 知是政隨車 歲乙未(1475, 성종 6)春 退居衿陽 無以遣日 修園圃
勤種蔬 庶幾東陵之遺法 時適旱軋 四月雨澤尙屯 是月旣望洒雨 雖未優南畝
之用 於藥園圃 稍有秋成之望 喜作秋圃 圖奉上安太守噫 我爲宰相 不能憂三
農 而唯喜灌園 必不免大人君子所譏議云",『私淑齋集』331쪽.

이 무렵 강희맹은 몸소 체험을 통해 농사일을 배우고 있음을 알 수 있다. 그리하여 농사에 관심을 갖고 '黃冠野服'을 하면서까지 별업생활을 시작했던 것이다.43) 그는 자연의 순리에 따라 뿌린대로 결실을 맺는 농사의 본질을 통해 위정자들의 정치행위를 비판하고 있다. 당시 그는 衿陽·蓮城 兩邑 사이를 왕래하며 생활하고 있었는데, 이때 그는 양모상으로 성종 5년에서 7년에 이르는 기간 동안 삼년상을 지낸 듯하다. 이 기간 동안 외부인의 왕래는 간혹 인사차 들르는 이외에는 거의 없었다고 하였다. 강희맹의 별업생활과 관련하여 아들 귀손은 다음과 같이 말하고 있다.

돌아가신 아버지께서는 공무를 떠난 때마다 틈틈이 허름한 농사꾼 복장으로 갈아입고 이리저리 거니시면서 시골 노인네들과 농사이야기를 주고 받았다. (그리하여) 무릇 밭을 갈고 씨앗을 뿌려 김매는 방법, (농사일의) 이르고 빠름, 마르고 습한 정도에 이르기까지 그 이치를 파악하지 않은 바가 없었으며 농사의 묘한 이치를 연구하였다. 뿐만 아니라 農謠를 채록하여 가사를 지었는데 일년 내내 힘들여 농사짓는 모습을 자세히 묘사하여 그 뜻을 최대한 나타내도록 하였다. (중략) 돌아가신 아버지께서는 일찍이 宰相이 되시어 높은 지위에 오르셨으나 농사일에서 마음을 떠나본 적이 없었으므로 농사일을 깊이 알고 계셨으니 그 책(『衿陽雜錄』)의 뜻이 어찌 얕을 수가 있겠습니까?44)

<hr>
43) 跋文, 『衿陽雜錄』.
44) "先君於公退之假 黃冠野服往來逍遙 與村翁談農 凡播種耕耨之方 早晚燥濕之宜 靡不燭其理而究其妙 又採農謠制爲歌詞 (중략) 先君早登宰輔 處廟堂之上 而未嘗不遊心畎畝 深知稼穡之事 其著書之旨 豈淺淺也哉",「跋文」,『衿陽雜錄』.

이처럼 강희맹은 농사일에 깊은 관심을 갖고 농사의 묘미를 터득하기 위하여 농장경영에 적극적이었다. 그는 公務를 떠나있을 때마다 농장에 직접 나아가 농부처럼 생활하였던 것이다.[45]

이상의 설명을 통해서 알 수 있는 바와 같이 강희맹의 農學을 살펴볼 때에 주목되는 인물은 姜希顔이다. 강희맹은 그의 형 강희안을 선비로서 불행한 사람이라고 하였다. 그만큼 학자로서의 큰 뜻을 펼 기회를 갖지 못하였음을 말한 것이다. 그러나 그는 『養花小錄』을 평하여, '淺末之事에 의탁하여 全體大用의 妙를 붙여 보였다'든지, '꽃을 기르는 말단의 일을 빌어서 자연조화(神化)의 오묘한 작용을 연구하였다'고 하였다. 그리고 그는 이 같은 일은 "마음으로 지극한 도를 통달하며 정묘함이 자연의 신비에 도달하지 않고서는 할 수 없을 것이다"라고 하였다.[46] 바로 이런 학문적 태도는 실험과 관찰을 통해 농사의 오묘한 이치를 밝히려는 강희맹의 경우에 그대로 이어지고 있었다.[47] 나아가 강희맹은 이를 '經世養民之志'로 계승하여 발전시켰던 것으로 생각된다. 그런 점에서 보면 강희맹의 농학사상은 증조부인 姜蓍에 이어 강희안의 학문적 맥을 이은 것이라고 할 수 있다. 강희안과 사별한 것은 세조 10년

---

45) 강희맹은 公務에 복귀한 후에도 농사일에 대한 관심은 변하지 않았다. 서울에 살면서도 마당에 터밭을 만들어 채소를 심어 가꾸면서 農學을 익히곤 하였다.("弊廬近宮城 晨昏聽鍾鼓 幸因官務閑 睡郷接亭午 (중략) 學圃種瓜蔓 日日還灌鋤 摘下試鹽鼓 味添霜落初……",「閑中偶吟十八首」,『私淑齋集』, 124~127쪽 ; "歲丁酉(成宗 8)冬 內宦劉孫奉元子來吾家 明年戊戌(成宗 9)春 作小圃於園中 種瓜瓜旣著子……",『私淑齋集』, 358쪽)

46)「養花小錄敍」,『晉山世稿』卷3.

47) 박경안, 1999,「姜希孟의 家學과 農業經營論」,『實學思想研究』10・11합집 참조.

10월 9일로서 이때 강희맹의 나이 41살(만 40)이었다. 앞에서도 본 바와 같이 바로 이 무렵 그는 선비로서의 자신의 처지를 비관하고 차라리 벼슬길을 떠나 농사나 짓고 싶은 심정을 갖고 있었다. 그것은 그만큼 강희안의 죽음에 대한 충격이 컸기 때문이 아닌가 생각된다. 강희맹이 농사에 대한 관심을 갖기 시작한 것도 바로 이때부터였던 것이다.

4. 맺음말

지금까지 農書普及과 관련하여 姜希孟의 家學 특히 姜蓍의 理生觀을 중심으로 살펴보고 이와 관련하여 그가 家學을 계승하게 된 직접적 배경 그리고 衿陽別業에서의 생활과 이에 따른 農學 연구에 관하여 검토해 보았다. 이를 다시 정리하면 다음과 같다.

강시로 비롯되는 강희맹의 가계는 農學과 밀접한 관련이 있었다. 강시는 民産을 일으켜 民富를 실현함으로써 궁극적으로 王道政治의 이상을 달성할 수 있을 것으로 보았다. 그리하여 삶의 질을 높이기 위해서는 '이생'을 모색하지 않으면 안된다고 생각하였다. 農書의 보급노력은 그와 같은 당위론에서 나온 것이었다. 그러나 민부의 실현은 의리에 충실한 도덕규범을 통해서 이루어져야 하는 것으로 생각하였다. 말하자면 풍족하면서도 사치스럽지 아니하고 검소하면서도 누추하지 아니한 가운데 仁義를 갖추어야 한다고 생각하였다. 요컨대 농업에 토대를 둔 儒敎的 人本主義 社會의 실현이었다. 그러기 위해서는 불교적 폐단과 같은 이단을 물리쳐 재래의 풍속을 바꾸어야 한다는 것이다.

강희맹의 농장생활은 부득이 관인생활을 떠나 있을 경우, 예를 들면,

파직되었다든지, 상을 당했다든지 하는 경우에 주로 이루어졌다. 때로는 정치적 이유 혹은 농경생활에 대한 기대감 따위로 인하여 隱遁地를 자처하기도 하였다. 이 과정에서 이들 高陽, 咸陽, 安山 등지의 농장과 더불어 특히 衿陽別業에서의 營農經驗은 그후 『衿陽雜錄』 저술의 밑거름이 되었다. 그러나 그가 농학에 뜻을 두게 된 보다 직접적 계기는 그의 형 姜希顔이 뜻을 제대로 펴지 못하고 죽게 되자 그에 대한 아쉬움, 그리움이며 그 위에 강희맹 자신의 정치적 입지와 관련하여 농서 저술에 더욱 힘을 쏟게 된 것으로 생각되었다. 결국 강희맹의 農學思想에서 보여지는 바와 같이, 실험과 관찰을 통해 오묘한 이치를 밝히고 이를 통해 '理生의 良法'을 추구하려는 학문적 태도는 증조부인 姜蓍에 이어 姜希顔을 통해 발전적으로 계승된 것으로 볼 수 있다.

    요컨대 강희맹의 별업은 15세기 여러 유형의 농장 가운데 일부분이었다. 이 시기는 아직 收租權 分給制가 제 기능을 발휘하던 시기였으나 점차 소멸되어가는 과정이기도 하였다. 따라서 바야흐로 소유권에 토대를 둔 농장의 확대가 모색되던 단계였다고 하겠다. 예컨대 농장의 보존에 대한 높은 관심과 함께 합리적 농업경영을 모색한다든지 하는 등의 움직임은 바로 그러한 분위기를 말해주는 것이 아닌가 한다.

제2절 姜希孟의 農業經營論

1. 머리말

'理生'論으로 표현된 이색의 개혁의식은 '移風易俗'의 전통적 왕도정치 이념의 소산이라고 하겠으나, 결국 養民의 경세론으로 발전한 것이라 하겠다. 이를테면 강희맹의 농학 연구는 그러한 문제의식에 기반을 둔 것이었으며, 강희안의 화훼론을 거쳐 '經世養民之志'로 나타나게 된 것이라 하겠다. 여기서는 이러한 인식의 바탕 위에 발전적으로 계승된 강희맹의 농업경영론을 『衿陽雜錄』을 통해 살펴보고자 한다.[48]

2. 『衿陽雜錄』과 經世養民

잘 알려진 바와 같이 강희맹의 『衿陽雜錄』은 선초 近畿地方의 풍토를 바탕으로 하여 농업기술을 기록하고 있다. 그는 농사일에 누구보다도 깊은 관심을 갖고 있었다. 『衿陽雜錄』序에서 曹偉는 이를 '經世養民의

---

48) 강희맹의 『衿陽雜錄』에 관해서는 이미 많은 연구가 있었다.(아래 논문들 참조)

藤田亮策, 1942, 「衿陽雜錄と著者」, 『書物同好會會報』 15 ; 片山隆三, 1958, 「衿陽雜錄の硏究」, 『朝鮮學報』 13 ; 林和男, 1980, 「李朝農業技術の展開」, 『朝鮮史叢』 4 ; 宮嶋博史, 1980, 「朝鮮農業史上における十五世紀」, 『朝鮮史叢』 3 ; 金容燮, 1988, 「朝鮮前期의 農書編纂과 두 傾向의 農業思想 : '衿陽雜錄'과 '四時纂要抄'의 農業論」, 『東方學志』 42.

뜻'이라고 표현하였다.[49] 이는 기본적으로 姜耆의 경우에서 보여지듯이, '이생' 문제에 대한 관심에서 나온 것으로 판단된다. 그런데 여기서 주목되는 것은 『衿陽雜錄』의 저술이 이른바 '衿陽別業'에서의 생활과 밀접한 관련이 있어 보인다는 점이다. 예를 들면 강희맹은 農謳에 대한 설명을 하면서 다음과 같이 말하고 있다.

> 위 농부의 노래 14장은 雲松居士 姜景醇이 지은 것이다. 衿陽弊業에 살고 있으면서 그동안 자주 왕래하여 곡식을 심고 가꾸는 일에 있어서 손수 시험해보지 않은 것이 없으므로 점차 농사일을 알게 되었다.[50]

운송거사 강경순은 강희맹 자신을 가리키는 것이며, 금양폐업이란 바로 금양별업을 지칭한다. 별업은 '萬松岡'으로도 불리었던 것인데, 그 규모는 百畝 정도[51]이나 땅은 그다지 비옥한 편이 못되어 농사를 지어도 별로 남는 것이 없었다.[52] 강희맹은 별업에 거처를 두고 자주 왕래하여 손수 시험하는 등 직접 체험을 통해 농사에 관한 경험을 쌓았다. 따라서 '금양별업'은 그 명칭에도 불구하고 오히려 주거지로서의 기능도

---

49) 曺偉는 말하기를, '일찍이 한 번도 勸農職에 있어 본 적이 없는 그는 농가의 일이 막연하였을 것이다. 그러나 홀로 농사일에 뜻을 두고 열심히 저술하여 이와 같이 되었으니, '經世養民의 뜻'이 어찌 깊지 않겠는가'라고 하였다.

50) 『衿陽雜錄』, 農謳.

51) 금양별업의 규모는 이 시기 농장의 일반적 크기(수십結에서 1~2백結)와 비교할 때 극히 작다. 오히려 소농민의 토지규모(1~2結)에 가깝다.(이재룡, 1999, 『조선전기 경제구조연구』, 53·316쪽 참조)

52) "田不過百畝 土且不肥 農無餘粟", 『衿陽雜錄』, 跋文.

겸하고 있었음을 알 수 있다. 그리고 위의 노래도 그러한 조건하에서
이루어진 경험을 토대로 만들게 된 것으로 생각된다.

그러나 그 자신 국가의 녹을 먹는 관료신분을 크게 벗어나 전적으로
농사일에 매달릴 수 있는 입장은 아니었을 것이다. 이와 관련하여 그의
아들 姜龜孫은 跋文에서 다음과 같이 말하고 있다.

> 돌아가신 아버지께서는 나랏일을 마치시고 틈틈이 여가를 내어 시골
> 농부의 옷차림새로 갈아입으시고, 오고 가며 이곳 저곳을 거니시면서
> 촌로(村翁)들과 농사일에 관한 말씀을 나누셨습니다.[53]

이처럼 강희맹은 관직생활을 마치면 틈틈이 시간을 내서 농사일을
관찰하고 촌로[54]들과 의견을 주고 받곤 하였다. 이와 같은 관심은, 다음의
글에서 보이듯이, 그 자신이 '금양별업'의 농업경영에 직접 관여하고
있었기 때문에 더욱 구체적이고 현실적 체험이 될 수 있었을 것이다.
특히 어려운 일이 있을 때마다 그는 마을의 老農에게 자문을 구하곤
하였는데, 이러한 과정을 겪으면서 농사일에 관한 보다 확고한 지식을
터득할 수 있었던 것이다.

> 내가 농장에 도착하여 문앞에 있는 척박한 땅을 다스리려고, 이월
> 그믐이 되기 전에 땅을 가르고 물을 모아 경지를 고른 후에 씨앗을

---

53) "先君於公退之暇 黃冠野服 往來逍遙 與村翁談農", 『衿陽雜錄』, 跋文.
54) 여기서 말하는 村翁, 老農 혹은 父老 따위의 사람은 농사경험이 풍부하면
    서도 이를 합리적으로 설명할 수 있었던 사람인 점으로 보아 아마도
    在地有力階層으로서 識者層인 듯하다. 『農事直說』을 편찬하는 과정에서
    도 바로 이 같은 사람들의 농사경험이 기본이 되었다.

뿌렸다. 그랬더니 마을 사람들이 하나같이 가로되 파종이 너무 이르면 싹이 나오지 않는다 하였다. 이에 놀란 나머지 老農을 불러 물으니 괜찮다고 하였다.[55]

위의 내용을 보면 강희맹의 별업에는 농장을 관리하는 건물이 있고 그 건물의 앞에는 비록 척박하기는 하지만 논이 있었던 듯하다. 추측컨대 계곡에서 흐르는 물을 모아 이용할 수 있을 정도의 소규모 다락논이 아니었나 생각된다. 여기에서 강희맹은 노농에게 파종시기, 김매는 회수, 파종방법 등에 관하여 묻고 있다. 이처럼『衿陽雜錄』은 '금양별업'에서의 농업경영을 통해서 획득된 지식을 정리한 내용이라고 할 수 있다. 강희맹의 아들인 龜孫도 이러한 점을 잘 알고 있었으므로,『衿陽雜錄』의 발문에서도 '금양별업'을 먼저 언급한 것이다.『衿陽雜錄』은 바로 이러한 점이 돋보이는 농서였다.

3. 小農 위주의 농업경영론

『衿陽雜錄』은 전체적으로 보아 '序文, 農家一, 農談二, 農者對三, 諸風辨四, 種穀宜五, 農謳, 跋文'의 7항목으로 구성되어 있다. 그러나 序文은 曹偉가 쓴 것이고, 跋文은 강희맹의 아들인 龜孫이 나중에 덧붙인 것이다. 여기에서 龜孫은 '衿陽別業'이 자신에게 이르기까지의 유래와 부친 姜希孟의 농사에 대한 관심이『衿陽雜錄』으로 나타나게 되었음을 지적하고

---

55) "余到庄 治門前薄田 二月望前 土脈初開 畜水耕種 里人皆曰 播種太早當不立苗 余以是爲懼 呼老農問之 農曰 無傷也",『衿陽雜錄』, 農談.

있다. 따라서 강희맹이 직접 다룬 것은 '農家一, 農談二, 農者對三, 諸風辨四, 種穀宜五'의 5항목에 해당된다.

강희맹의 농서에 관해서는 농업기술이라든가 그 이론적 측면 혹은 사회적 문제의식이라든가 農政理念을 중심으로 이미 많은 연구가 있었다.56) 여기에서는 『衿陽雜錄』의 내용 가운데 營農과 관련된 내용을 차례로 살펴 이를 통해서 그의 農業經營論의 일단을 생각해 보기로 한다.

1) 農家一

'農家一'은 주로 穀品에 관하여 다룬 부분이다. 그러나 서두에서 詩經·書經이라든가 孟子·管子·荀子·蘇季子 및 周公의 말을 빌어서 농사의 중요성을 언급하고, 父老의 말을 대강 들어 밭을 갈고 김매는 법을 간략하게 채취하였다고 하였다. 이는 대체로 '農事란 무엇인가?'라는 질문의 답에 해당하는 부분으로서 농사의 기본원리 혹은 총론에 해당하는 내용이라고 할 수 있다. 穀品에 관한 설명은 바로 그것이 농사지음에 있어서 기본적으로 필요한 지식으로 보았기 때문일 것이다.

강희맹은 祿을 먹는 선비는 농사를 짓지 않으므로 많은 사람들이 이를 소홀히 하지만 이는 근본에 힘쓰는 뜻이 아니라고 했다.57) 이처럼 그는 治者의 입장에서도 농사를 소홀히 해서는 안 된다는 점을 강조하였다. 그러나 농사짓는 일은 대단히 어려운 일이기 때문에 전심전력하여 노력하지 않으면 안 된다고 생각하였다. 예를 들어 옛날 蘇季子(蘇秦)가

---

56) 주 48)의 논문 참조.
57) "然食祿者無賴於此　多忽於耕農　非務本之意也", 『衿陽雜錄』, 農家.

가로되, "내가 만약 雒陽과 負郭에 二頃의 땅만 있었어도 어찌 여섯 나라의 재상 노릇을 할 수 있겠는가" 하였으니 가히 틀린 말이 아니라고 하였다.58) 그것은 바로 농업의 전문성을 강조한 말이었으나 동시에 그 자신이 大農보다는 가족을 기본단위로 하는 小農經營을 지향하고 있음을 알 수 있다.59) 나아가 그는 周公의 말을 빌어, 농사란 지극히 오묘한 이치를 밝히는 것이지 다스리는 것은 아니라고 하였다.60)

요컨대 농사란, 소농경영의 측면에서 볼 때, 전문성을 갖고 전력투구하는 가운데 그 오묘한 이치를 밝힘으로써 비로소 이를 다스릴 수 있다는 것이다. 그것은 '이생'을 도모하기 위한 적극적이고도 합리적 농업경영을 지향하는 것이었다.

2) 農談二

'農談二'에서는 먼저 강희맹 자신의 別業이 있는 衿陽縣의 자연환경 조건을 설명61)하고 이어서 農民層 分化에서 파생된 傭人과 小農經營上에 있어서의 傭耕문제 등 사회경제적 조건과 관련된 문제점을 들고

---

58) "昔蘇季子曰 吾若有雒陽負郭二頃田 安能佩六國印乎 此不可謂無所見矣", 『衿陽雜錄』, 農家.

59) 金容燮, 1988, 앞의 글, 90쪽 참조.

60) "周公曰 玆予其明農哉不曰治而曰 明者農之理甚妙 非明不足以燭其理 不徒治其事而已."

61) 강희맹에 의하면, 금양현은 漢水를 끼고 있고 논과 밭이 반반이지만 척박한 땅이 많은 지역이라고 했다. 뿐만 아니라 물가에 있는 곳이라도 이를 다스리지 못하여 한해와 수해가 반복된다는 것이다. 바로 이는 수리시설의 필요성을 암시한 내용이라고 할 수 있다.

있다. 또한 이와 같은 조건하에서 발생할 수 있는 水田농업에 관한
문제점 및 그 대책방안에 관하여, 父老와 주고 받은 내용을 별도로
항목으로 적고 있다.

별업에는 비록 漢水는 아니지만 계곡물을 모아(畜水) 이용하는 논이
있었다. 대체로 이 같은 방식에 의존해야 했던 사정으로 인해서, 이
지역의 수전농업은 移秧法보다는 直播하거나, 일단 乾播를 한 후에
물을 끌어들여 水耕재배하는 방식을 택하고 있었다. 그는 예를 들면,
대개 곡식의 씨란 땅기운을 받는 순서에 따라 열매의 이르고 빠름이
결정되고 손해와 이익이 발생한다고 하였다. 따라서 旱害, 氷霜로 인한
凍害, 發穗時의 風害(특히 東風)로 인한 손실을 막기 위해서는 조기
파종, 조기수확 방식을 택하라고 하였다.[62] 그리하여 식물의 생육 및
자연적 조건을 관찰하여 穀種의 성질과 天氣·地氣 등 자연조건과의
유기적 관련성을 통해 자연적 불리함을 극복하고 오히려 이를 최대한
이용하면, 예컨대 乾畓直播를 통해 水田耕作을 추구하더라도 실제로는
모내기와 유사한 효과를 거둘 수가 있었다.[63]

이처럼 강희맹은 別業을 관리하면서 농업경영상의 문제점에 부딪힐
때마다 父老들과 상의하면서 많은 사실을 터득한 것으로 생각된다.
그러한 문제점은 주로 지역적 여건이라든가 小農의 農業經營과 결부된

---

62) 이와 관련하여 그는 첫째, 耕種단계에서 土氣受容을 감안한 飜土와
    播種時期에 관한 문제, 둘째, 凍傷방지를 위한 畜水라든가 뿌리의 着土,
    旱害 및 風害방지를 위한 洩水曝日 그리고 가라지풀을 방지하기 위한
    上水문제, 셋째, 深耕·密播·數耘 문제를 다루고 있다.

63) 衿陽縣은 지역적 특성으로 보아 봄가뭄, 沖積土壤으로 인한 引水의
    어려움, 관개시설의 미비 따위로 인하여 移秧法은 실시하기 어려웠을
    것으로 보인다.

農法上의 불리함에 기인하는 것이었다. 나아가 그 자신은 日耕當 播種量을 염두에 둔다든가,[64] 후술하는 바와 같이, 牛耕과 '爲人傭耕'을 상호비교하고 그 효율성 문제를 비용적 측면에서 고려하고 있었다. 그는 특히 深耕·密播·數耘을 강조하고 있었다. 그것은 勞動集約型 農業經營을 통해 小農으로서의 불리함을 최대한 극복하기 위한 불가피한 방안이었기 때문이다.

그러나 첫째, 小農의 경우에는 畜力을 이용하려고 해도 소와 같은 생산수단이 절대적으로 부족하였다. 그 결과 牛耕은 고사하고 품삯을 주고 사람을 고용하여 쟁기를 끌지 않으면 안될 형편이었다. 비용도 문제지만 아홉 사람을 사더라도 소 한 마리의 몫을 감당할 수 없었다. 따라서 땅을 깊이 간다는 일은 생각할 수 없는 실정이었다. 비용은 비용대로 들고 노동생산성은 낮기 마련이었다. 이처럼 강희맹은 勞動組織의 합리적 운영체계를 연구하고 이를 통해 보다 고도화된 생산성 증대를 추구하였던 것으로 생각된다.

둘째, 당연한 결과로 농민들에게 돌아오는 수입은 적을 수밖에 없었다. 반면 국가로부터의 높은 조세수탈로 인해 再生産은 불가능한 실정이었다. 예를 들면, 추수를 해도 그 수입은 밀린 租稅를 내기에도 부족하여 私債로 충당하지 않으면 안 되었다. 그 결과 집에는 한말의 곡식도 남지 않게 된다는 것이다. 심지어는 종자명목으로 官穀을 빌려 식량으로 삼을 지경이니 종자를 조밀하게 파종한다는 것은 현실적으로 불가능하였다.

셋째, 강희맹이 살고 있던 금양현은 客舍를 끼고 있어서 수시로 노동력

---

64) 그는 日耕에 의한 하루 파종 가능량을 20~30斗로 보았다.

을 징발 당하곤 하였다. 즉 서울에서 가까워 사신의 왕래가 빈번하다보
니,[65] 객사의 손님을 대접하는 데에 백성들의 손을 거치지 않음이 없었다.
따라서 10가구 중 7, 8가구가 밖에 나가 있게 되니 한가하게 농사일에
힘을 기울일 틈이 없었다. 일찍 씨를 뿌리고 자주 김을 맬 형편이 아니었다.

이와 같은 악조건하에서 집약적 농업경영은 처음부터 불가능하였다.
생산수단의 부족, 과중한 조세부담 및 빈번한 부역으로 인해 小農民의
재생산기반은 무너져 있었다. 이와 같은 실정에서 아무리 훌륭한 농업기
술을 갖고 있다한들 도움이 될 수는 없는 일이었다.

바로 여기에서 강희맹은 소농경영의 안정과 관련하여 정부의 역할을
강조하고 있다. 그러나 그것은 단순히 구휼정책으로 해결될 문제는
아니라고 생각하였다. 그는 '근원을 헤아려서 근본 대책을 수립해야
할 것'이라고 하였다. 요컨대 소농경영의 재생산을 보장하기 위한 보다
적극적인 農政의 필요성을 제기한 것이라 하겠다.

3) 農者對三

'農者對三'은 농사꾼으로서 갖추어야 할 조건 특히 營農者의 자세에

---

65) 衿陽縣은 서울로 가는 길목인 듯하다. 이로써 보면 혹 果川을 포함하는
    명칭이 아닌가 생각되기도 한다. 실제로 衿川과 果川이 합쳐진 시기는
    태종 14년 8월 잠깐 衿果縣으로 불려진 적이 있으나 곧 바로 과천현이
    복구되고 衿川과 陽川縣이 합쳐 衿陽縣이 되었으나 태종 16년 환원되었
    다. 그러다가 다시 세조 2년 7월 衿川을 治所로 하는 衿果縣이 등장하였으
    나 치소문제를 둘러싸고 논란이 일다가 세조 6년 5월 果川縣이 회복된
    듯하다. 따라서 이 글이 씌어진 세조 9년경을 중심으로 본다면 금양현이
    아니라 衿川縣으로 보아야 하며 과천과도 직접적으로는 관련이 없다.
    (『朝鮮王朝實錄』 참조)

관하여 언급하고 있다. 강희맹은 나이 40세가 되었을 때 선비로서의 자신의 처지를 비관하고 차라리 仕路를 버리고 농사나 짓고 싶은 심정을 부로에게 넌지시 떠보았다. 여기서 그는 결론적으로 자신의 갈 길은 따로 있음을 발견하고 있다.

강희맹에 의하면 농사에는 三品이 있는데 나약한 사람은 불가능하다고 하였다.[66] 그리하여 그 중에서도 가장 뛰어난 농사군(上農)은 예를 들면 거름을 준 기름진 땅 百畝에 食徒가 무리를 이루면서 능히 위로는 天時를 살필 수 있어야 하며 아래로는 地利를 최대한 살려 耕種의 早晩·鋤耘의 疎數에 있어서 그 오묘함을 충분히 터득하여 쓸데없이 힘을 소모하지 않고 백배의 수확을 거두는 사람이라고 하였다. 그에 의하면, 생산성을 높이기 위해서는 무엇보다도 땅이 기름져야 하고 食徒 즉 노동력이 풍부해야 했다. 그러나 그와 같은 조건이라도 시간과 계절의 변화를 살피는 한편 地利를 살려 농사지음에 오묘한 이치를 터득하지 않으면 훌륭한 농사꾼이 될 수 없을 것으로 생각하였다.

아마도 강희맹은 小農의 경우 자립가능한 표준적 토지경작규모를 百畝 정도로 본 듯하다.[67] '금양별업'의 경작면적이 대략 이에 해당되는데, 여기서 그는 별로 남는 것이 없다고 했다. 따라서 百畝라는 것은 그 자신이 직접 別業을 경영해 본 결과 알게 된 경험적 수치였을 것이다. 말하자면 이 정도의 생산성을 가진 토지규모라면, 가족노동력을 동원하여 생계를 꾸려 나갈 수 있는(즉 소농으로서 재생산 가능한) 정도로

---

66) 그는 士農工商 四民 가운데 農民이 가장 고되고 힘이 든다고도 하였다(『衿陽雜錄』, 農者對三)

67) 金容燮 교수는 上農을 표준농민으로 보았다.(金容燮, 1988, 앞의 글, 88쪽)

생각한 듯하다. 그렇다면 강희맹이 생각한 표준적 토지경작규모는 금양현을 중심으로 한 근기지방을 기준으로 삼은 것으로 볼 수 있다.

이처럼 강희맹은 농사를 지음에 있어서는 무엇보다도 기름진 땅을 위시하여 충분한 노동력 그리고 농사꾼의 자질을 중시하였다. 그 중에서도 농사의 오묘한 이치를 터득할 수 있는 자질을 무엇보다도 중시하고 있었다. 이렇게 하게 되면 天災도 능히 극복할 수 있다고 그는 말한다. 말하자면 小農으로서 자립할 수 있는 훌륭한 농사꾼이 되려면 기후라든가 작물의 특성을 정확히 파악하는 가운데 토지라든가 노동력을 효율적으로 관리할 수 있어야 한다는 뜻으로 파악된다.

4) 諸風辨四

'諸風辨四'에서는 農家의 가장 큰 근심거리를 水害, 旱害를 들고 그리고 風害를 그 다음으로 들었다. 강희맹은 이 중에 풍해와 관련하여 바람의 종류와 성격에 관하여 학술적, 체험적 고찰을 통해 자신의 견해를 나타내고 있다.

강희맹은 中國의 古典 중 爾雅에 나오는 四方의 正風과 이를 벗어난 질풍과 회오리 바람이라든가 左傳에서 말하는 正風과 隅風 8풍에 관하여 언급하였다. 그리고 易經에 의거하여 바람의 방향에 따라 음양으로 구분하여 동북은 양방향이요 서남은 음방향이니 양이 부르고 음이 和하면 비가 오고 음이 부르고 양이 화하지 않으면 비가 오지 않는다고 하였다.

그러나 그는 이와 같은 고전적 해석을 비판적 안목으로 수용하고 있었다. 예컨대 長安에서는 서풍에도 비가 오지만 先儒들은 끝내 이 이치를 확실하게 밝힐 수 없었으니 산천구역이 다르고 기후가 고르지 않으면 그 사이에 어찌 그 통상적 이치가 바뀌지 않겠는가라고 하였다. 더구나 우리 동방은 남풍이 불 때마다 큰 비가 오고 북풍이 불면 오랫동안 쾌청한 것은 앞서의 설명과 상반된 것 같으니 또한 쉽게 납득할 수 없다고도 하였다. 한편 詩經에 이르기를 솔솔 부는 골바람이 음기운으로 비가 오면 음과 양이 和하여 골바람이 생겨도 작물에 해를 끼치지는 않는다고 하였으니 이 또한 어떠한 이치인가라고 하였다.

   이처럼 그는 고전의 내용이 실제와 부합되는지 여부를 먼저 확인하고자 하였다. 나아가 부합되지 않을 경우에는 실험과 관찰을 통해 그 원인을 분석하여 이치적으로 규명하고자 하였다. 예컨대 그에 의하면, 우리나라는 동남쪽은 바다에 접해있고 서쪽은 들이 넓으며 북쪽에는 높은 산이 있고 준령이 꺾여 동쪽을 덮고 남쪽에 이르러 그치니, 그 기세가 동북은 모두 산이고 서남은 모두 비어서 바람이 바다를 통과해 이른즉 온화한 기운 때문에 능히 비구름이 작물을 자라게 하지만 산을 통과해 이를 경우에는 능히 온화한 기운을 막아 작물에 해가 된다는 것이다. 그가 이를 시험해 관찰한즉 동풍이 가장 심하며 크게 불 경우에는 개울이 말라 온갖 작물이 타버리고 작더라도 곡식 잎사귀가 이삭을 가진 것은 말라서 급히 시들게 한다고 하였다. 때문에 이삭이 패더라도 구부러지고 접힌 것이 펴지지 않는다는 것이다.

   요컨대 강희맹은 중국인의 자연관에 기초한 바람의 종류와 그 성향에 대하여 원칙적으로 이를 수긍하면서도 그러나 그것은 지역과 상황에 따라 바뀔 수 있는 것이라는 생각을 하고 있었다. 그와 같은 생각은 특히 우리나라의 경우에 직접 실험과 관찰을 통하여 바람의 성향과

풍해에 관하여 합리적 분석을 추구한 결과였다. 결국 바람의 좋고 나쁨은 지역과 상황에 따라 바뀔 수 있는 것이며 작물에 해가 될 수도 있고 좋을 수도 있음을 지적하고 있다.

5) 種穀宜五

'種穀宜五'에서는 토지와 농작물과의 관계를 검토하고 있다.

그는 땅이 多濕하고 기름지면 씨앗을 일찍 심는 것이 좋고 땅이 너무 마르고 딱딱하면 늦게 심는 것이 좋다고 하였다. 진실로 마르고 습한 (땅의) 차이와 (심는 시기를 택함에 있어서) 이르고 늦음의 마땅함을 살피지 아니하면 地力과 穀性의 느리고 빠름이 서로 어울리지 못하여 싹이 자라지 못한다는 것이다. 왜냐하면 땅이 기름진데 씨앗이 늦으면 곡식이 지력을 따라가지 못하고 오히려 손해가 되기 때문이라는 것이다. 땅이 강한데 씨앗이 이르면 흙이 곡성을 따라가지 못하여 패지 못하는 것은 당연한 이치라고 하였다.

그 밖에 적당한 모종방법과 같은 것은 만가지가 같지 않지만, 이때에도 대체로 이러한 이치에 밝은 사람은 上農이요 어두운 사람은 下農이라고 하였다. 요컨대 燥濕之別의 土性과 早晚之節의 穀性이 상응해야 곡식이 잘된다는 것이며, 이는 필연의 이치로서 이에 얼마나 밝은가에 따라 농부의 등급이 정해진다는 것이다.

이처럼 강희맹은 실험과 관찰을 통해 사물의 원리를 파악하고자 노력하였다. 그리하여 『衿陽雜錄』을 통해 근기지방이라는 지역적 조건과 함께 소농이라는 사회경제적 조건에 적합한 勞動集約的 農業經營論을 펴고 있었다. 이를 두고 序文에서 曹偉는 『衿陽雜錄』을 평하여, '穀品의 구별, 播種의 適期 및 일의 순서 등 모두가 깊이 그 이치를 터득하여 빠짐이 없으니 진실로 농가가 지향해야 할 지침'이라고 하였다.[68] 말하자면 어떻게 하면 삶의 질을 높일 수 있을까 하는 '經世養民之志' 즉 '理生'의 관점에서 농사의 이치를 밝혀 그 요체를 터득하는 데에 주안점을 두고 있었다. 바로 그러한 점 때문에 금양현 즉 근기지방을 토대로 한 농서라는 지역적 한계를 안고 있었으면서도 보편적 농서로서의 가치가 있었다. 이처럼 '이생'의 관점에서 小農에게 필요한 농사요령 및 농업기술을 그 원리를 규명하는 차원에서 해명함으로써 오히려 시간과 지역을 초월한 농업경영론을 보여준다고 하겠다.

4. 맺음말

지금까지 『衿陽雜錄』을 통해 나타난 강희맹의 農業經營論에 관하여 검토해 보았다. 이를 다시 정리하면 다음과 같다.

강희맹의 경우에 '이생' 문제는 '經世養民의 뜻'으로 나타나 있었으며 『衿陽雜錄』을 통해 구체화된 것으로 생각된다. 그는 자신의 '衿陽別業'의 經營을 통해 자립할 수 있는 小農의 표준적 토지경작규모를 百畝 정도로 보고, 농업생산력을 향상시키기 위한 여러 가지 길을 모색하고 있었다.

그는 첫째, 農事라는 것은, 小農經營의 측면에서 볼 때, 전문성을 갖고 전력투구하는 가운데 그 오묘한 이치를 밝힘으로써 비로소 이를

---

68) "姜文良公衿陽雜錄一編 其諸穀品形樣之別 蒔種早晚之宜 先後用功之序 皆深得其理而靡所闕 遺眞農家之指南也 諸風辨農談農謳等篇 辨証甚詳 而 具述田家作苦之狀 雖擧衿陽一縣之事 而爲農之要槩可知也",『衿陽雜錄』, 序.

다스릴 수 있다고 하였다. 그것은 '이생'을 도모하기 위한 적극적이고도 합리적 농업경영을 지향하는 것이었다.

둘째, 衿陽縣의 자연환경적 조건과 관련하여서는, 穀種의 성질과 天氣·地氣 등 자연과의 유기적 관련성을 파악하여 이를 최대한 이용하여야 한다고 생각하였다. 또한 사회경제적 조건과 관련하여, 특히 소농경영의 불리함을 극복하기 위해서는, 비용적 측면에서 勞動組織의 합리적 운영체계를 고려하여 深耕·密播·數耘 등 勞動集約的 農業經營이 불가피한 것으로 보고 있었다. 그러나 생산수단의 부족, 과중한 조세부담 및 빈번한 부역 등으로 인한 소농경영의 불안정과 관련하여 再生産기반의 확충을 위한 정부의 근본대책이 선행되어야 할 것으로 생각하였다.

셋째, 小農으로서 자립할 수 있는 上農이 되기 위해서는 거름을 준 百畝정도의 땅에 충분한 家族勞動力 그리고 무엇보다도 농사꾼으로서의 자질을 갖추어야 할 것으로 생각하고 있었다. 그리하여 농사꾼은 위로는 天時를 살피고 아래로는 地利를 살려 耕種의 早慢, 鋤耘의 疏數에 있어서 그 오묘함을 터득하여 힘을 낭비하지 않아야 한다고 하였다.

넷째, 그는 농가의 근심거리를 크게 水害, 旱害 그리고 風害를 들고 있었다. 그리고 이와 같은 災害를 피하기 위해서는 자연 그 자체에 대한 실험과 관찰을 통해 그 이치를 터득함으로써 그 피해를 최소화할 수 있을 것으로 보고 있었다. 예컨대 풍해의 경우에도 중국 고전의 내용을 그대로 따르기보다는 이를 비판적으로 검토하고 우리의 자연적 조건과 결부시켜 실제와 부합되는지를 따져 받아들여야 한다고 하였다.

끝으로 토지와 농작물과의 관계 즉 토지의 마르고 습한 성질과 곡물 종자의 빠르고 늦은 성질이 서로 호응해야 곡식이 잘 된다고 하였다.

그러한 이치를 얼마나 잘 아느냐 여부에 따라 농부의 등급이 정해진다고
하였다.

결국 姜希孟의 家學에서 나타나는 '理生'觀은 『衿陽雜錄』의 農業經營
論을 통해서 구체화된 것으로 볼 수 있다. 그것은 과거의 타성에서
벗어나 보다 적극적 삶을 추구함으로써, 儒敎的 人本主義社會를 건설하
고자 하는 改革意志의 표현이었다. 농사에 대한 관찰과 실험을 통해
원리를 규명하려는 학문적 태도는, 마치 朝鮮後期 實學의 格物致知的
事物認識을 연상케 하는 것[69]으로서, 麗末鮮初 儒學思想(朱子性理學)의
改革的 側面을 보여주는 것이라 할 수 있다.

---

69) 이는 여말선초 朱子學의 학문적 방법론으로서의 '格物致知'에 대한 적용
   범위를 어디까지로 해석하느냐에 관한 문제다. 원래 '格物致知'는 『大學』
   의 「格物」과 「致知」편에서 유래된 것으로서 그 실체는 이미 朱子에
   의해 설명된 바가 있다. 기본적으로 이는 封建道德의 修養方法을 의미하
   는 것인데, 實學派들은 格物致知의 대상을 윤리 · 도덕적 규범에 한정하
   지 않고 사회의 모든 사실과 현상으로 확대시켰다고 한다.(鄭聖哲 著,
   崔允珍 · 權仁燮 · 金哲央 譯, 1982, 『朝鮮實學思想の系譜』, 雄山閣出版,
   4~9쪽)

나오는 말

易姓革命을 통해 중세적 토지질서는 田制를 중심으로 재편되었다. 한편으로는, 모든 私田의 公田化과정을 거침으로써 收租權에 바탕을 둔 구세력의 경제기반은 무너지고 새로운 혁명세력을 중심으로 재분급되었으며, 다른 한편으로는 所有權에 기반을 둔 농장의 정비과정이었다. 결론적으로 말해서 몰락농민의 투탁에 의한 田民의 탈점에 의한 불법농장은 혁파되었다고 보아야 할 것이다. 이로써 私田의 祖業田化 현상, 權力型 농장 등 공권력의 훼손을 통해 조성된 구세력의 경제적 기반은 급속히 와해되어 갔다.

그러나 국가와의 정상적인 貢納관계를 바탕으로 관리되고 있었던 民田型 농장은 그대로 지속되는 가운데 새로운 변화를 맞고 있었다. 가령 安牧의 파주 西郊別墅는 新田開墾에 의한 농장으로 소유권 및 수조권 등 토지를 둘러싼 이해관계에서 비켜갈 수 있었다. 처음 하천부지와 같은 저지대에서 시작되어 점차 주변 구릉지로 넓게 확장되어 갔으며, 지형적 조건으로 볼 때 數萬 頃에 달하는 지역은 약간의 논과 더불어 주로 삼(麻)을 위시한 밭작물이었을 것으로 생각된다. 그러나 수만 경은 엄밀한 근거를 가진 것은 아니며 농장 안에는 山林川澤의 형태로 상당수의 미개간지가 존재하였으며 이러한 곳은 사냥과 어렵의 장소로 이용되었을 것이다. 농장에는 率去奴婢를 포함한 外居奴婢들이 있어서 이들이 주로 개간에서 경작에 이르는 과정을 담당하였으며 추측컨대 地代도 부담했을 것으로 보인다. 왕조의 교체에도 불구하고 농장은 그대로 보존될 수 있었던 것은 新田開墾 방식이었으므로 과거 이루어졌던 陳田開墾 혹은 麗末의 權力型 農莊과는 구별되었으며 더구나 노비는 私民으로 간주되어 奴婢役事에 의한 自耕에 대해서는 국가가 제한하지 않았기 때문이었다.

문헌상으로 볼 때 姜希孟의 농장은 衿陽別業, 高陽別業, 咸陽村舍 및 安山村舍가 있었다. 그러나 상속관계 및 종중재산을 통해 보건대 이 밖에도 長湍이라든가 漣川 등지에도 있었을 것으로 추정되었다. 당초 家業이라 할 만한 것은 고양별업 혹은 장단과 연천 정도로 생각되며 나머지는 증여, 상속 혹은 사패를 통해 획득된 것이었다. 규모로 볼 때에 금양별업의 경지는 1경에 못 미쳤으며 고양별업도 그렇게 크다고 할 수는 없었다. 다만 함양, 안산이라든가 특히 연천 지역의 경우는 상당한 규모였을 것으로 추정되었다.

농장의 영역에는 대체로 농경지가 중요하였을 것이지만 대부분의 경우 배타적 형태의 산림이나 천택을 포함하고 있었다. 또한 단순히 토지만 있는 것으로는 '별업', '촌사'와 같은 農莊의 명칭을 부르지 않았으며, 그 외에 莊舍 그리고 관리인을 포함하여 농장노동력 등 세 구성요소를 갖추어야 되는 것으로 생각되었다. 따라서 농장은 본가와 구별되는, 자급자족의 기능을 갖는 생활공간으로서의 의미를 갖고 있었다. 농장의

경영은 금양별업의 경우처럼 직접 경작하기도 하였으나 대개는 맹괄(군),
가로 김귀남과 같은 친척 혹은 舍人을 통해 관리하였다. 농장의 경작은
땅을 갈고 씨를 뿌리는 '과노'의 존재를 통해서 알 수 있는 바와 같이
주로 노비제 경작에 의존하였을 것으로 생각되고 때로는 傭耕도 이루어
졌을 것으로 추측되지만 그 밖의 생산관계에 관해서는 확인할 수가
없었다. 그러나 이러한 사실들이 소작제라든가 혹은 작개제 따위의
존재를 부정하는 것은 아니다.

　이 시기 사대부사회 내에서는 농장의 획득 못지않게 보존 문제가
중요하였으나 상속, 증여 등 여러 요인으로 농장의 분할이 이루어지고
있었다. 그런데 강희맹의 경우에는 養子로서의 위치로 인하여 상속이
여의치 않아 상당기간 유보되기도 하였다. 말하자면 전통적인 三邊
중시의 상속관행의 영향력이 지속적으로 미치면서도 점차 종법사상이
강조되는 등 적장자 상속과의 과도기적 혼란상이 야기되고 있었다.
강희맹의 별업들은 결국 15세기 여러 유형의 농장 가운데 일부분으로서,
이 시기는 아직 수조권 분급제가 제 기능을 발휘하던 시기였으나 점차
소멸되어가는 과정이기도 하였다. 따라서 훈구파를 비롯한 양반 사대부
층 내부에서는 바야흐로 소유권에 토대를 둔 농장의 확대가 모색되던
단계였다고 하겠다. 예컨대 농장의 보존에 대한 높은 관심과 함께 합리적
농업경영을 모색한다든지 하는 등의 움직임은 바로 그러한 분위기를
말해주는 것이 아닌가 한다.

　그런데 대체로 농장은 구체적 경영방식에는 차이가 있을 수 있지만
대토지지배(대농경영)를 말한다. 따라서 일반농민들의 소농민경영(소농
경영)과는 구별된다. 국가는 소농경영을 지원함으로써 세원을 확보하고

이를 토대로 공권력을 확보하고자 하였으나 현실적으로는 어려움이 있었다. 바로 이 점이 나중에 사림세력의 등장을 불러들이는 빌미가 되었을 것이다. 예컨대 위에서 河崙은 직접 사람을 보내 地品을 결정하고자 하였으나 이는 원래 국가가 해야 할 일인 것이다. 그만큼 이 시기 농장은 공권력을 등지는 경향이 있었으며 백성들과 토지를 影占하는 경우가 대표적 예에 속한다. 이는 국가의 과도한 수탈을 회피하기 위해 백성들이 농장에 投托하는 것과 직접적인 관련이 있다. 결국 이러한 형태의 농장의 확대는 국가 공권력을 약화시키는 원인이 될 수 있었다.

한편 이 시기에는 민전형 농장의 형성과 함께 농장주의 농장에 대한 관심이 높아지고 이에 따라 농장경영상에도 새로운 움직임이 나타나고 있었다. 이를테면 元天錫은 은둔생활을 하면서도 자연조건을 이해하는 가운데 몸소 작물을 선택한다든지 그에 적합한 환경을 만들었으며 또한 그에 적합한 농업기술을 습득 적용하고자 노력하였다. 농사에 대한 이러한 접근방법은 기본적으로 생계를 위한 것이기는 하지만 관찰과 실험을 통해 사물의 성질을 밝히고 그 오묘한 이치를 깨닫는 과정으로 결국 窮理에 의한 '格物致知'에 다름 아니었다. 그는 이를 修己의 한 과정으로 생각했는지도 모르겠다. 그렇기에 亭子를 지으면서도 修養을 염두에 두었던 것이다.

원천석의 이 같은 사물에 대한 格物致知的 자세는 營農과정에서 표출되었으나 個人에 그치지 않고 인근지역에서 國家에 이르는 共同體的 삶을 이해하는 과정에서도 그대로 드러나고 있었다. 이를테면 공동체적 삶을 파괴하는 民의 流亡에 주목하면서 그 원인을 자연재해와 더불어 수조권 분급제의 모순에서 찾고 있었다. 원천석은 사실에 기초하여

객관적으로 현실을 바라보고자 했던 것이다. 아울러 그는 收租權 문제의
심각함을 지적하면서도 그 원인을 단순히 경제문제에 귀착시키지 않았
다. 즉 元明교체기 국제질서의 재편과 이에 편승한 權豪들의 발호 그리고
이를 단속하지 않은 憲司의 책임으로 판단하고 있었다. 원천석은 고려
이래의 풍속을 긍정적으로 생각하면서 새로운 변화를 걱정하고 있었다.
그는 制度와 綱常이 海東에 있었다고 하였다. 그러나 服制 강요에서
볼 수 있듯이 明과의 관계 속에서 재래의 풍속은 개혁파들에 의해 점차
훼손되고 있었다. 그는 중국과 우리나라는 거리가 멀고 風水와 陰陽의
기운이 다른 것으로 보고 있었다. 때문에 그는 고려의 주체성이 상실될
위기에 처해 있었던 것으로 판단하였던 것이다. 그가 걱정하고 두려워했
던 것은 바로 이 점이었다.

　　고려왕조는 유교이념을 받아들여 왕도정치를 지향하고 있었으며 왕조
교체에도 불구하고 이러한 지향성은 그대로 지속되었다. 월령은 유교적
자연관의 보급을 통해 농업생산력을 증대하기 위한 것으로서 사회적으
로는 歲時風俗으로 나타나고 있었다.

　　『耘谷詩史』에 등장하는 세시관련 기사의 빈도수를 보면 '설날→ 단오
→ 입춘→ 납향→ 칠석→ 추석→ 동지' 등의 순서로 되어 있다. 원천석
자신의 주관적 입장과 처지에 의해서 처리된 측면이 강하다고 하겠으나,
현실적 삶과 관련하여 세속적 측면이 반영되지 않을 수 없었을 것이라는
점에서 본다면 당시의 사회적 통념과도 무관하지 않다고 하겠다.『운곡시
사』에 나타난 가치관은 기본적으로 중세인들의 자연관에 바탕을 둔
것으로 보아야 할 것이다. 그러나 그 중에서도 가장 기본이 된 것은
음양설이라 할 수 있다. 자연의 이치를 음과 양의 관계로 해석하여

이를 인간사에 적용하고자 하는 음양설은 符籍類라든가 拔除歲穢의 세시풍속으로 이어졌다.

『운곡시사』에서는 다수의 계절인식이 표현되었다. 이를테면 봄을 인식하는 기준에 있어서 책력에 의한 설날, 음양설에 의한 동지, 그리고 자연에 따른 입춘 등 세 가지 형태의 계절인식이 드러나고 있다. 따라서 봄을 기다리는 마음은 이미 동지에서 출발하여 설날 그리고 입춘에 이르기까지 부단히 표출되었다. 『운곡시사』에서의 세시풍속은 이른바 '移風易俗'의 논리 속에서 華風의 절대적 영향을 받은 것으로, 특히 여말 역성혁명의 와중에서 공동체적 축제로 이어져 오던 단오날 행사는 중국과의 사대관계를 의식하는 가운데 소멸되거나 일정하게 변질되어 간 것으로 생각된다. 그러나 舊風을 祖上의 성스런 遺風이라고 했듯이 고려의 풍속이 지켜지기를 바라는 마음은 단지 과거회귀가 아니라 우리나라의 자연에 대한 주체적 인식이 내재된 것으로 보여진다.

원천석의 경우와는 달리 姜蓍로 비롯되는 姜希孟의 가계는 당초 農學과 밀접한 관련이 있었다. 강시는 民産을 일으켜 民富를 실현함으로써 궁극적으로 王道政治의 이상을 달성할 수 있을 것으로 보았다. 그리하여 삶의 질을 높이기 위해서는 '理生'을 모색하지 않으면 안 된다고 생각하였다. 農書의 보급 노력은 그와 같은 당위론에서 나온 것이었다. 그러나 민부의 실현은 의리에 충실한 도덕규범을 통해서 이루어져야 하는 것으로 생각하였다. 말하자면 풍족하면서도 사치스럽지 아니하고 검소하면서도 누추하지 아니한 가운데 仁義를 갖추어야 한다고 생각하였다. 요컨대 농업에 토대를 둔 儒敎的 人本主義 社會의 실현이었다. 그러기 위해서는 불교적 폐단과 같은 이단을 물리쳐 재래의 풍속을 바꾸어야 한다는 것이다.

강희맹의 농장생활은 부득이 관인생활을 떠나 있을 경우, 예를 들면, 파직되었다든지, 상을 당했다든지 하는 경우에 주로 이루어졌다. 때로는 정치적 이유 혹은 농경생활에 대한 기대감 따위로 인하여 隱遁地를 자처하기도 하였다. 이 과정에서 이들 高陽, 咸陽, 安山 등지의 농장과 더불어 특히 衿陽別業에서의 영농경험은 그후『衿陽雜錄』저술의 밑거름이 되었다. 그러나 그가 농학에 뜻을 두게 된 보다 직접적 계기는 그의 형 姜希顔이 뜻을 제대로 펴지 못하고 죽게 되자 그에 대한 아쉬움, 그리움이며 그 위에 강희맹 자신의 정치적 입지와 관련하여 농서저술에 더욱 힘을 쏟게 된 것으로 생각되었다. 결국 강희맹의 農學思想에서 보이는 바와 같이 실험과 관찰을 통해 오묘한 이치를 밝히고 이를 통해 '理生의 良法'을 추구하려는 학문적 태도는 증조부인 강시에 이어 강희안을 통해 발전적으로 계승된 것으로 볼 수 있다. 강희맹의 경우에 '理生' 문제는 '經世養民의 뜻'으로 나타나 있었으며『금양잡록』을 통해 구체화된 것으로 생각된다. 그는 자신의 '衿陽別業'의 경영을 통해 자립할 수 있는 小農의 표준적 토지경작규모를 百畝정도로 보고, 농업생산력을 향상시키기 위한 여러 가지의 길을 모색하고 있었다.

첫째, 農事라는 것은, 小農經營의 측면에서 볼 때, 전문성을 갖고 전력투구하는 가운데 그 오묘한 이치를 밝힘으로써 비로소 이를 다스릴 수 있다고 하였다. 그것은 '이생'을 도모하기 위한 적극적이고도 합리적 농업경영을 지향하는 것이었다.

둘째, 衿陽縣의 자연환경적 조건과 관련하여서는, 穀種의 성질과 天氣・地氣 등 자연과의 유기적 관련성을 파악하여 이를 최대한 이용하여야 한다고 생각하였다. 또한 사회경제적 조건과 관련하여, 특히 소농경영의 불리함을 극복하기 위해서는, 비용적 측면에서 勞動組織의 합리적 운영체계를 고려하여 深耕·密播·數耘 등 勞動集約的 農業經營이 불가피한 것으로 보고 있었다. 그러나 생산수단의 부족, 과중한 조세부담 및 빈번한 부역 등으로 인한 소농경영의 불안정과 관련하여 再生産기반의 확충을 위한 정부의 근본대책이 선행되어야 할 것으로 생각하였다.

셋째, 小農으로서 자립할 수 있는 上農이 되기 위해서는 거름을 준百畝 정도의 땅에 충분한 家族勞動力 그리고 무엇보다도 농사꾼으로서의 자질을 갖추어야 할 것으로 생각하고 있었다. 그리하여 농사꾼은 위로는 天時를 살피고 아래로는 地利를 살려 耕種의 早慢, 鋤耘의 疎數에 있어서 그 오묘함을 터득하여 힘을 낭비하지 않아야 한다고 하였다.

넷째, 그는 농가의 근심거리를 크게 水害, 루害 그리고 風害를 들고 있었다. 그리고 이와 같은 災害를 피하기 위해서는 자연 그 자체에 대한 실험과 관찰을 통해 그 이치를 터득함으로써 그 피해를 최소화할 수 있을 것으로 보고 있었다. 예컨대 풍해의 경우에도 중국 고전의 내용을 그대로 따르기보다는 이를 비판적으로 검토하고 우리의 자연적 조건과 결부시켜 실제와 부합되는지를 따져 받아들여야 한다고 하였다.

끝으로 토지와 농작물과의 관계 즉 토지의 마르고 습한 성질과 곡물 종자의 빠르고 늦은 성질이 서로 호응해야 곡식이 잘 된다고 하였다. 그러한 이치를 얼마나 잘 아느냐 여부에 따라 농부의 등급이 정해진다고 하였다.

결국 강희맹의 家學에서 나타나는 '理生'觀은 『금양잡록』의 농업경영론을 통해서 구체화된 것으로 볼 수 있다. 그것은 과거의 타성에서 벗어나 보다 적극적 삶을 추구함으로써, 儒敎的 人本主義 社會를 건설하고자 하는 개혁의지의 표현이었다. 농사에 대한 관찰과 실험을 통해 원리를 규명하려는 학문적 태도는, 마치 조선후기 實學의 格物致知的 事物認識을 연상케 하는 것으로서, 여말선초 유학사상(朱子性理學)의 개혁적 측면을 보여주는 것이라 할 수 있다.

참고문헌

1. 자료

『三國史記』,『三國遺事』,『高麗史』,『高麗史節要』,『朝鮮王朝實錄』,
『經國大典』,『新增東國輿地勝覽』.
『東國李相國集』,『東文選』,『續東文選』,『慵齋叢話』,『三峯集』,『私淑齋集』,
『晉山世稿』,『訥齋集』,『四佳集』,『牧隱文藁』,『驪州世稿 騎牛集』.
『高麗名賢集』,『影印標點 韓國文集叢刊』.
『呂氏春秋』,『論語』,『荊楚歲時記』,『農桑輯要』,『氾勝之書』,『農書輯要』,
『農事直說』,『衿陽雜錄』,『四時纂要』,『山居四要』,『農書』,『耘谷詩史』,
『耘谷行錄』,『東國歲時記』.

朝鮮總督府, 1915,『近世韓國五萬分之一地形圖』.
金浦郡誌編纂委員會, 1992,『金浦郡誌』.
『鄕土文化誌』(서울特別市 衿川區), 1996.
李琪鉉, 1997,『坡州地名由來 傳說誌』.

2. 단행본

姜東鎭, 1982,『韓國農業의 歷史』, 한길사.
姜晉哲, 1980,『高麗土地制度研究』, 高麗大學校出版部.
姜晉哲, 1989,『韓國中世土地所有研究』, 一潮閣.
京畿大學 出版部, 1983,『韓國의 農耕文化』, 京畿大學 出版部.

김건태, 2004, 『조선시대 양반가의 농업경영』, 역사비평사.

金榮鎭・李殷雄, 2000, 『조선시대 농업과학기술사』, 서울대학교출판부.

金容燮, 1970, 『朝鮮後期農業史硏究』(1・2), 一潮閣.

金容燮, 1975, 『韓國近代農業史硏究』(上・下), 一潮閣.

金容燮, 1988, 『朝鮮後期農學史硏究』, 一潮閣.

金容燮, 2000, 『韓國中世農業史硏究』, 지식산업사.

김인호, 1998, 『고려후기 사대부의 경세론 연구』, 혜안.

金泰永, 1983, 『朝鮮前期 土地制度史硏究』, 知識産業社.

金宅圭, 1985, 『韓國農耕歲時의 硏究』, 嶺南大學校出版部.

도현철, 1996, 『여말선초 신・구법파 사대부의 정치개혁사상 연구』, 연세대
　　　대학원 박사학위논문.

閔成基, 1988, 『朝鮮農業史硏究』, 一潮閣.

朴京安, 1996, 『高麗後期 土地制度硏究』, 혜안.

朴龍雲, 1985, 『高麗時代史』, 一志社.

박종진, 2000, 『고려시기 재정운영과 조세제도』, 서울대학교출판부.

안병우, 2002, 『高麗前期의 財政構造』, 서울대학교출판부.

위은숙, 1998, 『高麗後期 農業經濟硏究』, 혜안.

李成茂, 1980, 『朝鮮初期兩班硏究』, 一潮閣.

이인재 엮음, 2007, 『지방지식인 원천석의 삶과 생각』, 혜안.

李仁在・許敬震 共編, 2001, 『耘谷元天錫硏究論叢』, 原州文化院.

이재룡, 1999, 『조선전기경제구조연구』, 숭실대학교출판부.

이종묵, 2006, 『조선의 문화공간』 1, 휴머니스트.

李鍾英, 2003, 『朝鮮前期社會經濟史硏究』, 혜안.

李春寧, 1989, 『한국 農學史』, 民音社.

李鎬澈, 1986, 『朝鮮前期農業經濟史』, 한길사.

林鍾旭, 1998, 『耘谷 元天錫과 그의 文學』, 태학사.

鄭聖哲 著, 崔允珍・權仁燮・金哲央 譯, 1982, 『朝鮮實學思想の系譜』, 雄山
　　　閣出版.

蔡雄錫, 2000, 『高麗時代의 國家와 地方社會』, 서울대학교출판부.

최윤오, 2006, 『朝鮮後期 土地所有權의 발달과 地主制』, 혜안.

崔在錫, 1983, 『韓國家族制度史研究』, 一志社.

河炫綱, 1988, 『韓國中世史研究』, 一潮閣.

韓永愚, 1983, 『朝鮮前期社會經濟研究』, 乙酉文化社.

旗田巍, 1972, 『朝鮮中世社會史の研究』, 法政大學出版局.

飯沼二郎, 1983, 『世界農業文化史』, 八坂書房.

石渡貞雄, 1970, 『小農經濟學』, 亞紀書房.

周藤吉之, 1962, 『宋代經濟史研究』, 東京大學出版會.

周藤吉之, 1962, 『中國土地制度史研究』, 東京大學出版會.

周藤吉之, 1965, 『唐宋社會經濟史研究』, 東京大學出版會.

天野元之助, 1975, 『中國古農書考』, 龍溪書舍.

3. 논문

姜晉哲, 1980, 「고려의 農莊에 대한 一研究」, 『史叢』 24.

姜晉哲, 1985, 「高麗時代의 地代에 대하여—특히 農莊과 地代問題를 중심으로—」, 『震檀學報』 53·54 합집.

姜晉哲, 1989, 「高麗의 權力型 農莊에 대하여」, 『韓國中世土地所有研究』, 一潮閣.

姜世求, 1988, 「姜希顔의 『養花小錄』에 관한 일고찰」, 『韓國史研究』 60.

金南基, 1996, 「元天錫의 생애와 詩史 연구」, 『한국한시작가연구』 2.

金容燮, 1975, 「高麗時期의 量田制」, 『東方學志』 16.

金容燮, 1981, 「農書小史—農書解題에 부쳐서—」, 『農書』, 亞細亞文化社.

金容燮, 1988, 「朝鮮前期의 農書編纂과 두 傾向의 農業思想: '衿陽雜錄'과 '四時纂要抄'의 農業論」, 『東方學志』 42.

金容燮, 1988, 「朝鮮前期의 農書編纂과 두 傾向의 農學思想」, 『朝鮮後期農學史研究』, 一潮閣.

朴京安, 1990, 「甲寅柱案考」, 『東方學志』 66.

박경안, 1994, 「麗末 儒者들의 田制 改革論에 대하여」, 『東方學志』 85.

박경안, 1995, 「高麗後期 農莊硏究의 動向」, 『典農史論』 창간호.

박경안, 1997, 「高麗後期 土地問題와 祖宗田制」, 『韓國 古代·中世의 支配體制와 農民』, 지식산업사.

박경안, 1999, 「姜希孟의 家學과 農業經營論－'理生'문제에 대한 認識과 관련하여－」, 『實學思想硏究』 10·11 합집.

박경안, 2000, 「安牧(1290~1360)의 坡州農莊에 관한 小考」, 『實學思想硏究』 15·16합집.

박경안, 2000, 「여말선초 순흥안씨가의 파주농장에 관하여」, 『경기향토사학』 5.

박경안, 2002, 「姜希孟(1424~1483)의 農莊에 관하여」, 『역사와 현실』 46.

박경안, 2002, 「강희맹의 농학이론의 형성과정에 관하여」, 『경기향토사학』 7.

박경안, 2007, 「元天錫(1330~?)의 은둔생활과 현실인식－여말의 경제상황을 중심으로－」, 『지방지식인 원천석의 삶과 생각』, 혜안.

박경안, 2007, 「『耘谷詩史』에서의 세시풍속에 관하여」, 『역사와 실학』 32.

孫晉泰, 1933, 「長生考」, 『市村博士古稀記念 東洋史論叢』.

宋炳基, 1969, 「高麗時代의 農莊」, 『韓國史硏究』 3.

안병우, 1994, 「고려후기 농업생산력의 발달과 농장」, 『14세기 고려의 정치와 사회』, 민음사.

安鍾律, 1994, 「耘谷 元天錫 文學硏究」, 성균관대 교육대학원 석사학위논문.

梁銀容, 1987, 「元天錫의 三敎一理論에 대하여」, 『韓國宗敎』 11·12.

柳柱姫, 1992, 「元天錫硏究－그의 現實認識을 中心으로」, 『朴永錫華甲紀念 韓國史學論叢』, 探究堂.

魏恩淑, 1994, 「高麗後期 農業經營에 대한 연구」, 부산대학교 박사학위논문.

李景植, 1983, 「高麗末期의 私田問題」, 『東方學志』 40.

李景植, 1992, 「朝鮮前期 農莊硏究論」, 『國史館論叢』 32.

李景植, 1998, 「朝鮮前期 兩班의 土地所有와 農莊」, 『朝鮮前期土地制度硏究』 (Ⅱ), 지식산업사.

李仁在, 1997, 「新羅統一期 田莊의 形成과 經營」, 『韓國 古代・中世의 支配體
    制와 農民』, 지식산업사.

이인재, 2001, 「고려말 元天錫의 생애와 사회사상」, 『耘谷元天錫研究論叢』,
    原州文化院.

李載龒, 1989, 「朝鮮前期의 農莊」, 『國史館論叢』 6.

林英正, 1976, 「麗末 農莊人口에 대한 一考察」, 『東國史學』 13.

池敎憲, 1980, 「麗末鮮初의 政治的 變革과 耘谷의 道學精神」, 『淸州敎育大學
    論文集』 17.

최길성, 1961, 「通度寺의 농장경영형태」, 『력사과학』 4.

韓國學文獻研究所編, 1981, 「衿陽雜錄」, 『農書 1』, 亞細亞文化社.

宮嶋博史, 1980, 「朝鮮農業史上における十五世紀」, 『朝鮮史叢』 3.

旗田 巍, 1933, 「高麗時代に於ける寺院經濟」, 『史學雜志』 43-5.

旗田 巍, 1960, 「高麗時代の王室の莊園－莊・處」, 『歷史學研究』 246.

稻葉岩吉, 1931, 「寺院經濟資料と長生標」, 『東亞經濟研究』 15-1・2.

藤田亮策, 1942, 「衿陽雜錄と著者」, 『書物同好會 會報』 15.

武田幸男, 1965, 「高麗時代における通度寺の寺領支配」, 『東洋史研究』 25-1.

浜中 昇, 1976, 「高麗末期の田制改革について」, 『朝鮮史研究會論文集』 13.

浜中 昇, 1982, 「高麗前期の小作制とその條件」, 『歷史學研究』 507.

浜中 昇, 1982, 「高麗後期の賜給田について－農莊研究の一前提－」, 『朝鮮史
    研究會論文集』 19.

深谷敏鐵, 1939, 「鮮初の土地制度一斑－いわゆる科田法を中心として－」, 『史
    學雜誌』 50-5・6.

深谷敏鐵, 1941, 「朝鮮の土地慣行「竝作半收」試論」, 『社會經濟史學』 11-9.

有井智德, 1969, 「高麗朝における土地奪占について」, 『歷史敎育』 17-8.

林和男, 1980, 「李朝農業技術の展開」, 『朝鮮史叢』 4.

周藤吉之, 1934, 「麗末鮮初における農莊に就いて」, 『靑丘學叢』 17.

片山隆三, 1958, 「衿陽雜錄の研究」, 『朝鮮學報』 13.

출 전

제1부 여말선초 농장 형성의 새로운 경향

제1장 安牧의 坡州 西郊別墅
「安牧(1290~1360)의 坡州農莊에 관한 小考」,『實學思想研究』15·16합집(2000)과「麗末
鮮初 順興安氏家의 坡州農莊에 관하여」,『京畿鄕土史學』5(2000)를 합쳐서 재구성함.

제2장 姜希孟의 衿陽·高陽別業, 咸陽·安山村舍
「강희맹(1424~1483)의 농장(農莊)에 관하여」,『역사와 현실』46(2002)

제3장 河崙의 高陽浦, 梁誠之의 大浦谷 : 新稿

제2부 영농경험에 의한 주체적 농학의 추구

제4장 元天錫의 營農生活과 歲時認識
제1절 弁巖에서의 은둔생활
「元天錫(1330~?)의 은둔생활과 현실인식 − 여말의 경제상황을 중심으로」,『지방지식인
원천석의 삶과 생각』(2007)
제2절 元天錫의 歲時認識
「『耘谷詩史』에서의 세시풍속에 관하여」,『역사와 실학』32(2007)

제5장 姜希孟의 農學 연구와 農業經營論
제1절 黃冠野服 생활과 農學 연구
제2절 姜希孟의 農業經營論
제5장은「姜希孟의 家學과 農業經營論−'理生'문제에 대한 認識과 관련하여−」,『實學思
想研究』10·11 합집(1999)과「강희맹의 농학이론의 형성과정에 관하여」,『경기향토사학』
7(2002)을 합쳐서 재구성함.

찾아보기

228

230

232

234

박 경 안

충북 옥천의 달빛이 들에 넘치는 동네 月田에서 태어났다.
오랫동안 강단에서 후진을 양성해 왔으며, 지금은 파주시 문화예술진흥위원 그리고 연세대학교 국학연구원
연구교수로 있다.

주요 論著로는 『한국사의 길잡이』(혜안, 1995), 『高麗後期 土地制度硏究』(혜안, 1996), 「고려전기 다원적
국제관계와 국가·문화 귀속감」(『東方學志』 129, 2005), 「고려시대 巫教의 자연관과 그 추이」(『東方學志』
154, 2011), 「고려시대의 土地에 대한 다양한 해석」(『대동문화연구』 75, 2011) 등이 있다.

여말선초의 농장 형성과 농학 연구

박 경 안

2012년 3월 5일 초판 1쇄 발행

펴낸이·오일주
펴낸곳·도서출판 혜안
등록번호·제22-471호
등록일자·1993년 7월 30일

주   소·◯우 121-836 서울시 마포구 서교동 326-26번지 102호
전   화·3141-3711~2 / 팩시밀리·3141-3710
E-Mail·hyeanpub@hanmail.net

ISBN 978-89-8494-441-1 93910

값 22,000 원